「日本人」という、うそ

武士道精神は日本を復活させるか

山岸俊男

筑摩書房

まえがき

人間は不思議な動物です。

なぜなら、人間は自分の利益に直接つながらない場合でも、他人《ひと》のために行動することができるからです。少しむずかしい言葉で言い換えると、人間には利他性が備わっているというわけなのですが、この利他性の不思議について、これまで社会科学者はきちんと説明をしようとはしませんでした。

「そもそも人間は特別な存在なんだ。人間は他の動物とは違い、理性と自由意志を持っている。だから人間は互いに助け合うことの重要性を理解することができるし、他人のために行動するように人々を励ましたり導いたりする倫理体系や社会規範を作ることができたんだ」

二〇世紀の社会科学では、人間の利他性をこのように説明するのが「常識」とされてきました。

この「常識」からすれば、理性があれば、私たちの中にある動物的で利己的な衝動は抑えつけることができる、ということになります。したがって、衝動をコントロールするための「しつけ」さえしっかりしておけば、すべての人が利他的に行動する理想的な社会《ユートピア》を実現できる——そう考えられてきたわけです。

この考え方にそもそも無理があることは、ダイエットを試みたことのある人なら、すぐに分かることでしょう。

自分の体形の変化に気づき、痩せたいと思っている人の理性は、自分にダイエットを命じます。しかし筆者自身も含め、多くの人にとってこの理性の命令を守ることは困難です。甘いものを食べたいという衝動の前には、理性はあまりにも無力だからです。

こうなってしまうのは、私たちの心が、私たちの身体と同様に、進化の産物として存在しているからです。

私たち人間の後ろ足は二足歩行に適した形をしています。私たちの視覚は色の違いを区別したり三次元でものを見るのに適しています。

他の動物とのこうした違いは、人類が進化の過程を通して獲得してきたものなのですが、甘いものや油っぽいものに対する好みも、二足歩行に適した「身体」と同じように進化の過程を通して人類が獲得してきた「心体」の一部なのです。

だからこそ、いくら理性の命令に従って逆立ち歩行をしようとしても、それを実行することがむずかしいのと同じように、ダイエットを貫徹するのはとてもむずかしいのです。

ところが、二〇世紀の社会科学がやってきたことは、理性の力だけでダイエットを成功させようとするようなことでした。自然科学の急速な発展をよそに、経済学や社会学をはじめとする社会科学がほとんど発展してこなかったのは、こうした間違った信念のためだったと言っても、けっして過言ではないと思います。

さて、話を戻せば「人間の心は進化の産物である」という、今では心理学や認知科学で常識となりつつある考え方からすれば、人間が利他的に行動するというのは実はそう簡単に説明のつかない、不思議なことなのです。

それは、利他性が自分の利益に反する行動を生み出すからです。自分の利益を犠牲にして他人の利益をはかる人たちは、利己的な人たちに淘汰されて、とっくの昔に消え去ってしまっているはずなのに、そうなっていないのは不思議な話です。

この人間の利他性という不思議に対する解答へのカギは、進化の産物としての人間の心、すなわち「人間性」の中にひそんでいると私は考えています。

つまり、人間の理性が「人間性」と組み合わさったときに初めて、人間は利他的に行動するのだというわけなのですが、では、その「人間性」の中味はいったい何なのか？　そして、どうしてそんなものが進化したのか？

このことは、新しい社会科学——生物学や脳科学をはじめとする自然科学と通話可能な社会科学——の基盤を求めている多くの社会科学者や生物学者が、現在全力を尽くして答えを求めている問いです。私自身も、自分の研究を通してこの謎解きに参加しています。

ただし本書は、この謎解きそのものについての本ではありません。この謎解きはまだ進行中だからです。

しかし、解答に向けたいくつかの方向は見え始めています。

そして、私がもっとも有望だと考えているのは、ひじょうに単純化して言うと、「情けは人のためならず」ということわざに代表されるものです。

つまり、利他的に行動すると、結局はまわりまわって自分に利益が戻ってくるしくみが人間の社会にはずっと組み込まれていた。だから、このしくみが働いているかぎりは、ときには利他的に行動する人間のほうが、ディケンズの小説『クリスマス・キャロル』にでてくるスクルージのような、自分のことしか考えていない人間よりも結局は大きな利益を獲得できたので、人間の利他性が発達してきたのだ、という説明です。

私が本書で書きたかったのは、こういった人間の利他性についての科学的な研究の成果を、現代の日本社会が直面する問題にあてはめてみたときに見えてくることについてです。

その結果見えてきたのは、現代の日本社会が直面している倫理の喪失とは、実は、倫理の底にある「情けは人のためならず」のしくみの喪失の問題だということです。倫理的な行動、あるいは利他的な行動は、それを支える社会的なしくみがなくなってしまえば、維持することは困難です。たとえ他人に親切にしても、それが自分の利益につながらないのであれば、誰も利他的に行動しなくなってしまうというわけです。

そしてもう一つ、「情けは人のためならず」は、無私の心を称揚する武士道的な倫理観とは相容れないという点です。

「モラルに従った行動をすれば、結局は自分の利益になるのだよ」という利益の相互性を強調する商人道こそが、人間の利他性を支える社会のしくみを作ることができると私は考えています。これに対して、武士道とは人間性に基づかない、いわば理性による倫理行動を追求するモラルの体系であり、そうしたモラルを強制することで社会を維持していくのは、たとえ不可能ではないにしても、極めて大きなコスト――心理的なコストや経済的なコスト――を必要とするでしょう。

そういったことを考えながら、この本を書きました。

この本で紹介した私の考え方に賛成される方もいれば、反対の方もいるでしょう。いずれにせよ、本書が、現代日本が直面する問題について考えるきっかけとなることができれば望外のしあわせです。

二〇〇八年一月

山岸《やまぎし》俊男《としお》

第九章　信頼社会の作り方　233

「日本人」という、うそ——武士道精神は日本を復活させるか

第一章　「心がけ」では何も変わらない！

日本人の心は荒廃したか？

ここ数十年、「日本社会のモラルの崩壊」あるいは「日本人の心の荒廃」といったテーマがマスコミや政治の世界、あるいは教育の世界でさかんに論じられています。品質を偽装し、消費者を平気で騙《だま》す企業が続々と明らかになるのも、あるいは社会の決まりを守らない若者たちがいるのも、そして同級生をいじめる子どもたちがいるのもすべて、日本人の心が荒廃し、日本全体のモラルが低下しているからではないかというわけです。

たしかに、ここ数十年のマスコミ報道を見れば、日本社会が「悪い方向」に向かっているのではないかと不安に駆られるのは無理もないことです。

経済界を見れば、企業モラルが問われるスキャンダルが次々と明らかになっています。筆者が住んでいた北海道でも、食品業者による牛肉偽装事件が起き、それに続く形で二〇〇七年には、有名菓子メーカーの賞味期限偽装が発覚しています。また、二〇〇五年に始まるライブドア事件ではインサイダー取引までを行なう「なりふりかまわぬ利益追求の姿」に批判が集まりました。

こうした事件の続発に対して「古きよき日本の商道徳」が失われてしまったと感じる人は少なくないようです。すなわち「アメリカ流のハゲタカ資本主義が日本の経済界を堕落させてしまった。顧客を騙してでも儲けようという企業が現われるのは、その表われだ」というわけです。

また、最近の若者に対して、マユをひそめる大人たちが増えているのも事実です。いじめの横行、フリーターの増加、公共道徳を守らぬ、自分勝手で傍若無人な振る舞い——こうした若者たちを見て、大人は「戦後の教育がよくなかった」と溜め息をつきます。「ゆとり」や「人権」を尊重しすぎて、我々は子どもを甘やかしすぎたのではないか、というわけです。

経済界の問題にしても、子どもたちの問題にしても、そこで問われているのは「日本人の心」です。

つまり、今の日本がさまざまな問題を抱えているのは、すべて「日本人の心の荒廃」「モラルの低下」が原因であって、そこをどうにかしないかぎり、どうにもならないというわけです。かつての日本人が持っていた「品格」を取り戻そうという本がベストセラーになり、武士道の見直しや道徳教育の復活が叫ばれているというのも、その流れの中で起きていると言えるでしょう。

かつての日本人は清く正しかったのか

筆者は、「信頼」や「安心」といったテーマで社会心理学の研究をしている関係で、マスコミから「日本人の心の問題」についてコメントを求められたり、取材を受けたりすることが少なくありません。また、「日本社会における信頼の回復」といったテーマで講演をしてほしいという依頼が舞い込んでくることもしょっちゅうです。

しかし、そこで私はかならずこう聞くことにしています。

「日本人の心は荒廃したとおっしゃいますが、もしそうだとするならば、「かつての日本人の心は清く美しかった」ということになります。それは本当なのでしょうか」

こんなことを言われると、たいていの人は驚いて、口ごもってしまいます。

「……そりゃ、今よりは昔の日本人のほうが立派だったんではないでしょうかね」

「本当にそうでしょうか？　たとえばいじめの問題にしても戦前の日本陸軍には新兵

いじめという、陰湿で理不尽なリンチの伝統がありました。軍隊はそれを黙認するどころか、奨励さえしていたじゃないですか。また、戦時中に疎開先でいじめに遭ったという話はよく聞きます。さらに言えば、農村では「火事と葬式以外は付き合わない」という村八分《むらはちぶ》が行なわれていたそうです。これなんかは、組織的ないじめではないですか？　それでも昔の日本人のほうが立派だったとおっしゃいますか」

「うーん、でも、マンションの耐震強度を偽装したり、牛肉のミンチと言いながら豚肉を混ぜて売るような悪質な企業は昔はなかったでしょう」

「はたしてそうでしょうか？　高度成長期には住民の健康に害があると知りつつ、有害な廃棄物やガスをまきちらして公害病患者をたくさん作った企業がいくつもありました。もっと歴史を遡れば、明治時代には足尾鉱毒事件で多くの村が汚染されました。そのほうがもっと悪質とは言わないのですか？」

「それでも昔の日本人のほうが勤勉で、真面目でしたよ。それに比べて今の若者と来たら、根性もなければ勤勉の精神もない。困ったものです」

「でも、昔は一生懸命働かなければ食えなかったから、しょうがなく働いていたという部分もあるでしょう。仕事が好きな人ばかりじゃないですよ。その点、今はフリーターでも何とか食っていけるわけで、昔よりもずっといい時代になったという考え方もありますよ」

「……（無言）」

「昔はよかった」式批評のおかしさ

古代エジプトだか古代メソポタミアだかの遺跡の出土品に書かれていた文字を解読してみたら、「近頃の若い者は……」ということが書かれていたという話を聞いたことがあります。この話がはたして本当なのかどうかは知りませんが、人間に「昔はよかった」と過去を美化して考える傾向があるのは事実でしょう。

人間が過去を美化しやすい理由はいろいろあるでしょう。

過ぎ去った時代は二度と戻ってこないものですから、美しく見えてしまうのは当然のことでもあるし、また、多くの人にとっての「昔」とは、若い時代に自分の身の回りで直接に見聞きしたことが基本になっています。「私の子どものころは、そんなことはなかった」というわけで、つまり子ども時分の見聞なのですから、そう大した事件などあるはずもありません。それに対して、「今どき」というのは、大人になってからマスコミなどを通じて知識を得ているので、極端なケースや大事件をいっぱい知っています。

つまり、昔と今とでは情報源がまったく違うわけなのですから、「昔はよかった」という話になってしまうのは当然のことなのです。いずれにせよ、それらは単なる印象批評で、ちゃんとした根拠があるというわけではありません。

ところが、今の日本で語られている「社会問題」なるものの多くが「昔はよかった」式の話ばかりで、きちんとした客観的データに基づいた議論があまりにも少ないのには困ってしまいます。しかも、それが政治の世界でも堂々とまかり通っているのですから恐れ入ってしまいます。

断わっておきますが、私は何も「日本人の心は昔から汚かった」などと言うつもりは毛頭ありません。そもそも、たとえば「A国の人の心は、B国の人の心よりきれいだ」などといった具合に、人間の心を比較し、優劣をつけること自体がナンセンスな話で、一歩間違えれば、ナチスなどの人種差別主義につながりかねない危険な考え方と言えます。

そんなことより私が言いたいのは、「何でも心のせいにするのは止めてくれ」ということなのです。

心理学の一分野である社会心理学を研究している私がこんなことを言うと、奇異に思われるかもしれません。しかし心理学を研究しているからこそ、世の中の出来事をすぐに「心」に結びつけて語りたがる今の日本の風潮は非科学的なものに見えてしかたがないのです。

精神論は思考停止と何ら変わらない

何か事件が起きたとき、それを当事者の「心」がもたらしたものと片付けるのは簡単なことです。

「消費者を欺くような悪いことをするのは、企業家としてのモラルが低いからだ」
「いじめをする子どもが増えているのは、子どもたちの心が荒れているからだ」
「ちょっとしたことで会社を辞める若者たちは、子ども時代の親のしつけに問題があるのだ」

たしかに、こうした問題の根底に「人間の心」が関係しているのは否定しません。

しかし、だからといって、それを当事者の意識が足りないからだとか、根性がよくないからだと、各人の心にすべての原因を押しつけてしまうだけでいいのでしょうか。本当の原因はもっと別のところにあるのかもしれないのに、その検討をろくにしないでそれぞれの人間の「心構え」に責任を求めてしまうのでは、思考停止と批判されてもしょうがないと思うのです。

今の日本が大きな時代の転換点にさしかかって、さまざまな問題を抱えているのは事実です。これまで日本人が共有していたさまざまな価値観が揺らぎはじめ、社会としての一体感が失われているのは否定できないことでしょう。また、未来へのビジョンが見えにくい時代になり、誰もが将来に対する不安を抱いているのも間違いありません。

だが、そうしたさまざまな問題に対処するに当たって、いきなり「心がけがよくない」とか「心構えが悪い」というお説教をしてしまうのでは、そこで議論が終わりになってしまって、本当の解決に結びつかなくなってしまいます。

それは戦前の日本の軍人たちが、あらゆる問題を精神論で片付けようとしていたのとまったく同じことです。

戦争において本当に大事なのは戦略であり、戦術であり、武器であり、兵站《へいたん》であるはずなのに、負けたのは兵士に「必勝の精神」が足りないからだと言ってしまえば、それですべての議論が終わってしまいます。負けたのは何が原因で、誰の責任なのかをきちんと追究すべきなのに、すべてが「心のあり方」に責任転嫁されてしまう——これでは問題の解決も目的の達成もできるはずがありません。

歴史が証明した「心の教育」の無意味さ

いや、さらにもっと過激《ラジカル》なことを言わせてもらえるならば、そもそも「心がけをよくしなさい」というお説教くらいで、人間の行ないは改まるものなのでしょうか。正直に言えば、私はこれについて否定的な考え方をしています。

ご承知のとおり、今の日本では教育論議がさかんに行なわれていますが、そこで重要なテーマになっている一つが「心の教育」です。つまり、子どもたちに幼いころから倫理教育、道徳教育を施して「美しい国」を作ろうという話なのですが、私はこうした議論を聞くたびに溜め息をついてしまうのです。

なぜかといえば、いくら国民に徹底した倫理教育を施したところで、「いい国」「美しい社会」など生まれないということは歴史が証明しているからです。なぜ教育改革論者たちは、こうした歴史の教訓に対して無関心なのでしょうか。私はそれが理解できないのです。

二〇世紀において国民に対する倫理教育・道徳教育に最も熱心だったのは旧ソ連や中国といった社会主義国家でした。

マルクスは、資本主義体制が崩壊して社会主義、共産主義の世の中がやって来たあかつきには、人間の心の中にある「悪しき利己心」は自然に消えてなくなると考えていたようです。人間の利己心は資本主義という社会構造がもたらしたものであって、社会構造が変われば人の心もおのずから変わっていくと考えていたのです。

ところが、実際に社会主義体制になっても、なかなか人間の心から「資本主義時代の利己心」が消えてなくなりません。そこで業を煮やした社会主義国の支配者たちは徹底したイデオロギー教育を国民に施すことで、人々に利他の精神、奉仕の精神を植え付けようとしました。

しかし、その結果はどうだったでしょうか。

皮肉なことに、旧ソ連や中国などの社会主義国家では他人に奉仕する立派な国民が生まれるどころか、それとは逆のことが起きてしまったのでした。

「大釜の飯」を追放できなかった共産中国

改革開放前の中国でよく使われた表現に「大釜《おおがま》の飯」「鉄椀《てつわん》の飯」という言葉がありました。

ご承知のとおり、かつての中国では農業も工業も、すべての産業が国有化されていて、そこで働いている国民たちはいわば公務員のような立場にありました。

そうした環境に置かれると、人間は誰だって真面目に仕事をしようとしません。なぜならば、どんなに頑張って働いたからといって収入が上がるわけでもないし、逆にいくら怠けていても食いはぐれることもないからです。

国家が「大釜」あるいは「鉄椀」の飯、つまり収入を保証してくれているのですから、真面目に働くだけ損をするというわけです。

日本でもかつての国鉄や郵便局に対して「親方日の丸」といった批判が言われていたものですが、中国の場合、「大釜の飯」「鉄椀の飯」という精神が国中にはびこって、それが中国経済の停滞をもたらす最大の原因になっていたのでした。

それと同様のことは旧ソ連でも起きていたわけですが、中国も旧ソ連もこうした国民たちの「怠け心」を教育によって徹底的に矯正しようとしました。そればかりか、働かない人間に対しては厳罰を下し、「強制収容所に入れるぞ」と脅かすことで、国民に勤勉の精神、奉仕の精神を植え付けようとしたのでした。

しかし、そうした方法をいくら行なっても、中国でも旧ソ連でも事態を改善することはできず、ソ連に至ってはついに国家ごと滅びてしまったことは今さら言うまでもないでしょう。

タブラ・ラサの神話

さて、この旧ソ連や中国の例が私たちに教えているのは、「人間の心は教育によって、いかようにも作り変えることができる」という考えがまったくの誤りであったという事実です。

教育が、人間が文化的な生活を送っていくうえで必要不可欠なものであることは事実です。しかしながら、教育で知識を教え込むことは可能でも、人間性に反した形に心を作り変えることはできない。教育は万能ではないのです。そのことを中国や旧ソ連の例は教えてくれています。

二〇世紀の社会科学における、最大の誤りの一つは「タブラ・ラサの神話」を信じたことにありました。

タブラ・ラサとはラテン語で「白板」のこと。

つまり、生まれたての赤ちゃんの心は何も書き込みのないホワイトボードのようなものであって、そこに適切な教育を与えることで「立派な人間」が作れるはずである――今の言葉で言えば、赤ちゃんの脳みそは初期化されたコンピュータのようなもので、そこに適切な教育によってプログラムを組み込めば、思いどおりの理想的な人間ができると考えたのが「タブラ・ラサ」の考え方です。

中国や旧ソ連といった国々が、何の見返りがなくとも同胞に奉仕するような立派な人民をイデオロギー教育によって作り出せると信じたのも、結局はこの「タブラ・ラサの神話」と同じ発想が根底にあったからに他なりません。

しかし、そうした教育はついに成功することはなく、ソ連は消滅し、中国もまた大きな方向転換をせざるをえなくなりました。

その理由は今さら言うまでもないでしょう。人間の心はけっしてホワイトボードなどではなかったというわけです。

考えてみれば、それは当然すぎるほど当然のことです。

私たちの身体のすべての部分は、脳も含めて生命進化の中で作られてきたものです。人間に指が五本あるのも、目が二つあるのも、それが私たちの生存にとって必要であったからに他なりません。

つまり、これは目にも手にも、それぞれの役割や働きが生まれながらに与えられているということでもあります。目で音を聞くことはできないし、手で息を吸うことはできない。これは当然のことです。

だとしたら、人間の脳だけが例外であるはずがありません。脳の働きや役割もまた生命進化の中で作り出されたものであって、それを人間の都合で勝手に変えることはできないというわけです。

そもそも私たち人間が生きていけるのは、進化の長い歴史の中で獲得された「生きるためのプログラム」が脳の中に組み込まれているからに他なりません。考えてみてください。もし、人間の脳が最初は白紙状態であったとするならば、厳しい自然環境の中で人類は生き延びていけたでしょうか？　もちろん、そんなはずはありません。

「人間性」を無視した教育をやろうとした社会主義国

こうして論理的・科学的に考えていけば、人間の心が「タブラ・ラサ」であるわけもないことは誰の目にも明らかというものです。

実際、近年の脳神経科学や認知科学の進展は、人間の心に最初から組み込まれた「プログラム」こそが、いわゆる「人間性」の根本になっていることを次々に明らかにしています。

しかしながら、二〇世紀の社会科学はこうした自然科学的なアプローチを軽視して、イデオロギーで人間を考えるという大きな失敗をしてしまいました。その象徴が、旧ソ連や中国といった社会主義諸国のイデオロギー教育であったと言えます。

結局のところ、こうした社会主義の国々が失敗したのは、人間の心に最初から組み込まれている「人間性」を無視した教育を行なおうとしたことにありました。

マザー・テレサのような、ごく一部の例外は別として、何の見返りもないのに他人のために働くといった人間性は、残念ながら私たちの心の中にはないのです。だからこそ、どれだけイデオロギー教育を施しても、人間の心に純然たる博愛精神を植え付けることはできなかったというわけです。

社会問題を解決するには、まず人間性の研究から

しかし、こう書いていくと、読者の中には次のようなことを感じる方がきっとおられるはずです。

すなわち「人間の心には、あらかじめプログラムが仕込まれているというのならば、教育も社会改革といった努力も意味がないということにならないか？」という反論です。

たしかに、私たちの人間性の本質がすでに進化の流れの中で決まっているのであれば、人間が何をやっても意味がない――そう悲観的に考えるのは無理もないことです。

しかしながら、私はそう思いません。

なぜならば、心の中にある「人間性」の本質が分かれば分かるほど、その性質をう

まく利用することによって社会の中にあるさまざまな問題を解決することが可能になると思うからです。

「人間性」をうまく利用することで、社会問題が解決できる——そのことを端的に示しているのが先ほどの中国の例です。

すべてが国営企業で行なわれていた時代の中国の人たちは、「大釜の飯」「鉄椀の飯」でちっとも勤勉に働こうとはしませんでした。その理由は先ほども述べたとおり、何の見返りもない環境で他人のために奉仕をするという心は、私たちの「人間性」の中になかったからです。

ところが、このような中国で資本主義原理が導入され、「改革開放政策」が行なわれるようになったら、何が起きたでしょうか?

その答えは言うまでもないでしょう。

今まではどんなに政府が旗振りをしても働かなかった人たちが、目の色を変えて働くようになったのでした。

もちろん、中国の人たちが一生懸命に働くようになったのは、資本主義によって奉仕の精神に目覚めたせいではありません。国営企業時代は「働かなくても食っていける」社会だったのが、今度は「働けばもっといい生活ができる」社会になったからで、自分や自分の家族のために猛烈に働くようになったにすぎません。

しかし、どんなにイデオロギー教育を行ない、怠け者に厳罰を与えても、いっこうに解消されなかった中国経済の非効率さが、これによって解消されたことは誰にも否定できない現実です。

人間が進化の過程を通して身に付けてきた「人間性」を修正しようと無駄な努力を重ねるよりも、それを事実として受け止めたうえで、その人間性を上手に活用することで社会の問題を解決していったほうが、ずっと建設的ではないかと思うのです。

「心の教育」では問題は解決しない

さて、話が長くなってしまいましたが、では二一世紀の今日、私たちは「タブラ・ラサの神話」から卒業できているでしょうか？

残念ながら、それは違うようです。

そのことは現代の日本を見渡すだけでも明らかです。

日本の社会で起きているさまざまな事件や問題について、その原因を「心」に求め、きちんと子どもたちに教育をしさえすれば事態は改善すると思っている人が、どんなに多いことか。私はこの現状を見るたびに、溜め息をついてしまいます。

すでに世の中は二一世紀。ソ連も滅び、中国も社会主義を事実上、返上したというのに、いまだに戦前の軍部や社会主義諸国の指導者たちと同じ精神論を振りかざして、「心がけ」で問題を解決しようとする人が多いことには怒りを通り越して唖然《あぜん》としてしまうほどです。

それは、たとえば「いじめ問題」についても言えます。

今の日本で行なわれている、いじめ論議の多くは、家庭や学校の教育を通じて「いじめをしない子ども」を育てようといった話だったり、あるいはもっと教師が子どもたちに対する監視を強めることで、いじめを減らしていこうという対策だったりするわけですが、はたしてこうしたやり方で「いじめ問題」を解消することはできるでしょうか。

私の答えは、残念ながら「ノー」です。そんな発想でいるかぎり、今の日本が抱えている「いじめ問題」は解決できるはずもないし、かえって問題をこじらせる危険性だってあるというのが筆者の考えなのです。

いじめのない国なんて作れるはずがない

先ほども書きましたが、そもそもいじめという現象自体は何も今に始まったことではありません。戦前の日本にもいじめはあったし、日本以外の国でもいじめは起きています。

アメリカでもイギリスでも、中国でもインドでも、どんな国の学校にも「いじめっ子」はいるし、「いじめられっ子」もいるのです。そのことは子どもの世界を扱った外国の映画や小説、たとえば『ハリー・ポッター』シリーズなどを見たりするだけでもすぐに確認できる話です。

つまり、いじめは現代日本だけに限った現象ではなく、人類共通の現象であるということです。それは言い方を換えるならば、私たちの心の中には残念ながら「他人をいじめる」という人間性がどうやら潜んでいるらしいということでもあります（実は、私は「いじめをする心」にはマイナスの側面だけでなく、プラスの側面もあると考えているのですが、そのことについては後述します）。

ところが、今の日本では「心の教育」をすれば、いじめをしない子どもができるという前提で議論が進んでいます。ここに私は、今の日本のおかしさが潜んでいると思うのです。

改めて言うまでもなく、「いじめをする心」を教育によって修正することができるという発想は、旧ソ連や中国で行なわれた「イデオロギー教育」と何ら変わるところはありません。

事実、古今東西、ありとあらゆる国家や社会の中で、「いじめ」を完璧に追放した社会があったという話を一例も私は知りません。教育で「いじめる心」をなくせると言う人たちに、この点についてどのように考えているのか、ぜひお聞きしたいところです。

結論を先に書いてしまえば、いじめをなくそうとするのは、まるで砂上に楼閣《ろうかく》を建てるようなものだと言っても過言ではないと私は考えているのです。

これがいじめ解決の「最終兵器」!?

いや、砂上に楼閣を建てる、というのはちょっと言い過ぎかもしれません。なぜならば、教育以外の方法にまで話を広げれば、いじめを根絶する「妙策」がないわけではないからです。

いじめをなくす最も確実な方法は、親や教師が子どもたちを徹底的に監視し、彼らの行動をコントロールしてしまうことです。

先ほども述べたように、どんな子どもの心にも「いじめをする因子」があるわけですから、たとえ気の優しそうな子であっても油断はできない。大人たちが優等生だと思っている子どもが、とんでもないいじめっ子だったという話は、充分ありえることです。

ですから、いじめの発生を抑止するには、ありとあらゆる子どもの行動をつねに監視することが必要です。

そこで、カネに糸目をつけず、学校のありとあらゆるところに監視カメラと盗聴器を付け、それで朝から夕方まで専任の監視員が、子どもたちの動きをマンツーマンで見張りする。さらに学校が終わったら寄り道をさせず、まっすぐ自宅に帰宅させ、親の監視下に置く。当然ながら、放課後、友だちとの自由な接触は禁止です。

しかし、それでも目の届かないところがかならず出てくるはずですから、「いじめ密告奨励制度」を作ることも大事です。

つまり、クラスメートがいじめをしているという情報を先生に伝えると、奨励金が与えられたり、あるいは内申書の点数がよくなるようなシステムを作る——このくらい徹底したことをやれば、いじめはかなり抑制できるはずです。

いや、「かなり抑制できる」というのではまだ不安が残る、根本的な対策が必要だということであれば、もっといい方法があります。

そもそもいじめが起きるのは、子どもたちが一カ所に集まって集団行動をすることにあるわけですから、学校教育を廃止すればいいのです。

つまり、大人になるまでは家庭の中で教育を与える。他の子どもたちとの集団行動は禁止する。いじめが起きる環境そのものをなくせば、間違いなくいじめはなくなるわけですから、これが究極のいじめ対策になるはずです。

行為は禁止できても、心の働きは禁止できない

言うまでもないことですが、今、私が述べたような「対策」はまったくの暴論であり、現実性に欠けたものです。

そもそも子どもたちを完璧に監視するなど、そのための費用や手間を考えただけで実現不可能だし、いじめ対策とはいえ、友だちを平気で密告するような子どもに育てることが倫理的に正しいかといえば、大いに疑問です。かりにそれでいじめがなくなったとして、そのために自由のない監視社会ができるのであれば、本末転倒に他なりません。

学校を廃止して、大人になるまで集団生活をさせないというのに至っては論外です。

しかし、いじめという行為をなくそうとすれば、ここまで徹底したことをしなければ、まず不可能だし、しかも、それが成功したとしても、それではたして本当に「い

じめ」がなくなったと言えるかは大いに疑問です。

なぜならば、それでたしかに「いじめ」という行為は押さえ込めるかもしれません。しかし、いじめをするという、私たちの中にある「人間性」はそれでは少しも変わっていないからです。

結局のところ、中国や旧ソ連の政府が同志愛に満ちた人民を作れなかったように、どのような教育や制度を作ったところでも、いじめをする心は変えることができない。それが現実であるのです。

「いじめ」を定義する

ここでちょっと、世の中から「いじめ」がまったくなくなったら何が起こるかを考えてみましょう。

一言で「いじめ」と言っても、その中にはいろいろなケースが含まれています。

まず、そもそも「いじめ」などという曖昧な言葉で呼ぶのではなく、れっきとした犯罪である「恐喝」「暴行」と呼んだほうがいいケースがあります。不良のグループが暴力で脅して金を持ってこさせるような場合です。自殺にまで至るようなケースでは、特定の生徒がしつこく脅され、どうしたらいいか分からなくなってしまったという場合が多いように思われます。

私にはなぜこのようなケースを「いじめ」と呼ぶのか理解できません。世間一般ではれっきとした犯罪として認められているケースが、犯罪者と被害者が学校の生徒であると、「いじめ」という曖昧な言葉で呼ばれることになってしまうのは、事実を隠蔽していることにならないでしょうか？

さて、それとはもう一方の極にあるのが、いわゆる「しかと」にあたるケースです。つまり、特定のクラスメートを仲間はずれにしたり、あるいは無視したりする——何らかの（大人から見れば）些細な理由によって、まわりのみんなが口をきいてくれなくなるというケースです。こうした行為は、被害者の心を傷つけるものではありますが、それが犯罪かといえば、そうとは言えません。また「しかと」だけではなく、悪口を言われるとか持ち物を捨てられるとかいった形で、もっと積極的な意地悪をされることも多くありますが、これも犯罪に含まれるかどうかは微妙なところです。

私はこの二つを同じ「いじめ」という言葉で呼ぶことには反対です。その原因も、被害の内容もまったく違っているからです。恐喝や暴力は犯罪として扱われるべきであって、「いじめ」などという曖昧な言葉で呼ぶべきではありません。

犯罪としての恐喝や暴力行為が学校から、あるいは世の中からなくなっても、世の中が暮らしやすい場所になるだけで、それ以外に何の不都合もおこらないでしょう。

秩序形成としての「排除」

しかし「しかと」の場合は、これと少し違うような気がします。

意地悪をともなう「しかと」を、ここでは仲間からの「排除」という言葉で、もう少し一般化して呼ぶことにしましょう。

このような「排除」が恐喝や暴力行為と違うのは、実は「排除」を上からの権力に頼らないで、自分たちで自発的に集団や社会を維持していくために欠かすことができない行動原理であると見ることも可能だからです。

このように書くと、「いじめ肯定論」だと誤解するむきがあるかもしれませんが、もちろんそうではありません。

たとえばあなたが属している集団の中に、自分の利益だけを追求し、まわりに迷惑をかけても平気な人がいたら、あなたはその人に対してどう対応するでしょうか。あなたが受ける迷惑があまりひどくなければ、たぶんほうっておくでしょう。しかし我慢できなくなるほど迷惑がひどくなれば、何とかその人と話をして、その迷惑行為をやめてもらうようにしようとするでしょう。でも、それでも駄目な場合には、どうしたらいいでしょうか。

まず第一に考えられるのは警察に訴える——上からの権力に頼る——ことですが、もう一つの選択肢として考えられるのは、そうした迷惑なことをしている人に対する制裁として、まともに付き合うのは止める、ということです。つまり、集団からの排除という選択肢です。

まわりの人たちからの説得に耳を貸さない人に対しては、警察に代表される公権力に頼るか、自分たちで困った人を排除するように努力するか、どちらかの方法しかないわけですが、すべてのトラブルの解決を権力に頼り切ってしまうことに大きな問題があるのは、今さら言うまでもないでしょう。日常の小さな紛争にまで公権力が介入するようになってしまっては、行動の自由もない警察国家、監視国家が生まれてしまう危険性があるわけですし、また、そのような警察国家を維持するためには大変なコストを必要とします。

やはり権力に頼ることなく、自分たちで社会の秩序を維持するのが一番いい解決法であるというわけなのですが、権力に頼り切らないで何とかしようとすれば、先に定義した意味での「いじめ」を使わざるをえなくなるのです。つまり、集団のルールにしたがわずに、みんなに迷惑をかけても平気な人には排除をはじめとする「いじめ」

で、思い知らせるしか方法はないというわけです。

もちろん、そのような場合のいじめ、つまり自発的な秩序形成の手段としての排除行動は、ふつうは「いじめ」という言葉ではなく、「集団のルール」「地域のまとまり」のためといった、もっと耳障りではない言葉で呼ばれていますが、自分たちの規範や基準にあわない人たちを排除するという点では、子どもたちの間でのいじめと何ら変わるものではありません。

かつては存在した「いじめ教育」

そこで学校での「いじめ」に話を戻せば、監視や教育によって――言い換えるならば、上からの権力によって――子どもたちのいじめをなくすことはできるかもしれません。しかしそうすることは、自分たちで自発的に社会秩序を作っていくという、人間にとって一番重要な心の働きを取り去ってしまうことを意味しているのです。

だからといって、もちろん、いじめは良いとか、いじめを奨励すべきだと言っているのではありません。

たんなる好き嫌いや些細な理由で被害者を選んで、意味のない「しかと」や意地悪を繰り返すといったいじめは、とても許されるべきではありません。

子どもたちのそういったいじめが許されないのは、それが「間違った排除行動」だからです。つまり、「正しいいじめ」「適切な排除行動」の教育をちゃんと受けていないので、自分たち自身で適切にコントロールできないかたちで無差別にいじめをしてしまうというのが、現代の子どもたちのいじめの問題なのではないかと思っています。

一昔前までは、上級生から下級生までをふくむ子どものグループがあって、そのグループの中で自発的に秩序が作られていました。もちろんそういったグループの中では、乱暴なガキ大将が小さな子どもをいじめていたこともあったでしょう。また、疎開してきた都会の子どもたちが生意気で気に食わないからという理由でいじめられたこともよくあったでしょう。しかし、今の子どもたちのように、理由もなくいじめの被害者が選ばれるということはあまりなかったように思われます。

さらに時代を遡れば、子どもたちが少し大きくなると、若者宿、若衆宿といったグループに入れられ、そこで村の一員として生きていくための基礎訓練がなされていました。そういった子どものグループや若者のグループで教えられたのは、どのような行動が正しくて、どのような行動が許されないかという行動基準であり、またそういった基準に違反する人間に対するいじめをどう行なうかという、いわば「いじめ教育」でもありました。

逆にいえば、そういったグループでは、どうすればいじめを避けることができるのかという教育もされていたわけです。

ところが困ったことに、今の子どもたちには、学校以外の場でいじめ教育を受ける機会がまったくありません。そのため、意味のない無差別的ないじめをしてしまうのではないかと筆者は考えています。

しかし、だからといって、すべてのいじめをなくしてしまおうというのは、英語の表現を使えば「たらいの水と一緒に赤ん坊を流してしまう」ことになってしまうのではないでしょうか。そうなれば、後に残る選択肢は警察国家、監視社会ということになってしまいます。

いじめを許す子どもたち

先に述べたように、子どもや若者宿といったグループでは、意味のない無差別ないじめが抑制されていました。そういった無意味ないじめは、グループのリーダーによって抑制されていたからです。

そういったいじめ教育の場であるグループは、今の日本ではほとんどなくなってしまいました。その結果、いじめをし放題な環境ができあがってしまったのです。

結局のところ、日本のいじめに問題があるとすれば、それはいじめをする側にあるのではなく、「いじめを許す」環境が学校の中にできてしまっているところにある。そう解釈するのが、より現実的と言えるのではないでしょうか。

実際、いじめについて、ひじょうに有益なフィールド・ワークを行なっている京大霊長類研究所の正高信男《まさたかのぶお》氏（比較行動学）の研究によれば、いじめ問題が起きている教室とそうでない教室とでは「傍観者」の比率がまったく違うという事実が明らかになっています（『いじめを許す心理』岩波書店）。

つまり、いじめ問題が起きているクラスでは、多くの生徒たちが傍観者的態度に終始していて、目の前で行なわれているいじめを止めたりする子どもがいない。これに対して、いじめ問題が起きていないクラスの子どもたちには、そうした傍観者的態度を取る子どもが少ないというわけなのです。

やはり、カギは「いじめをさせない」ことにあるのではなく、「いじめを許さない」環境を作ることにあるというわけです。

では、いったい「いじめを許さない環境」はどのようにすれば作ることができるか――。

それについての詳しい解説はのちほどゆっくり書くつもりでいるのですが、ここで私がみなさんにまず知ってもらいたいのは、社会問題の解決を考えるためには「心がけを改めよう」などといった安直なスローガンに乗せられてしまうのではなく、もっと物事を根源的に考え、物事の本質的な部分に目を向けていただきたいということなのです。

「お説教」では世の中は変わらない

さて、「いじめ」の話が長くなってしまいました。

話を戻せば、本章の冒頭でも書いたように、今の日本ではいじめにかぎらず、さまざまな「不祥事」が起きています。たしかに、それらは重大な、深刻な問題であるのでしょう。

しかし、たとえば食品の賞味期限を偽装した企業を批判し、その経営陣を退陣させれば、それで問題ははたして解決するのでしょうか。あるいは、いじめを起こした子どもを逮捕して、少年院に送れば、それで問題は解決したと言えるのでしょうか。

もちろん、問題を起こした当事者たちの責任を問うことは大事なことです。しかしながら、似たような不祥事が起きるたびに、まるで「モグラ叩き」のように責任者をつるし上げていくことが、はたして本当の解決と言えるでしょうか？

それよりもやるべきなのは、なぜここに来て似たような不祥事が起きるようになったのか、その事情をきちんと分析し、対策を立てることではないでしょうか。

といっても、もちろんその対策なるものが「心がけを改めよう」式のスローガンであっては問題外というものです。

経営者たちのモラルを向上させよう、子どもたちに道徳教育をしよう——そうした「お説教」で問題が解決するのであれば、今ごろ、私たち人類は何一つ犯罪が起きることもない「地上の楽園」に住んでいるはずです。

では、いったいどうしたらいいのか。

そこで出てくるのが「人間とは何か」の研究だというのが私の考えなのです。

我田引水に聞こえるかもしれませんが、人間の心の働きを知り、私たちの心の中にある「人間性」の本質がどのようなものであるか、そうしたことをきちんと理解していくことが、私たちの社会で起きているさまざまな問題を解決する糸口になってくると思うのです。

「理性万能主義」からの脱却

脳科学や生物学などの急速な発展もあいまって、人間の心に関する見方や考え方は今や大きく変わりつつあります。

タブラ・ラサの話がいみじくも示しているように、近代西洋思想では長らく「人間至上主義」「理性万能主義」が信じられてきました。

すなわち、人間と動物とはまったく別の存在であり、人間の理性の力があれば、あらゆる問題が解決できると広く信じられてきたのでした。それは筆者が研究する心理学の分野も例外ではありません。

しかし、科学の進展は、そのような思想が「神話」にすぎないことを今や明らかにしつつあります。「我思う、ゆえに我あり」と言った一七世紀の大哲学者デカルトから始まるとされる近代西洋思想は、今や大きな転換点を迎えているといっても過言ではありません。

ところが、残念なことに「教育で心を変えることができる」という意見が何の疑いもなく受け容れられていることでも分かるように、タブラ・ラサのような「神話」が今なお生き残っていて、それが社会問題を考えるうえで、本質を見失った議論がえんえんと続けられる原因になっていると私は考えているのです。

では、いったい今の日本で起きているさまざまな社会問題をどのように考えていけば、「本質」に迫る解決策が見えてくるのか——その私なりの答えを、私がこれまで行なってきた研究成果を踏まえつつ語っていきたいと思います。

第二章　「日本人らしさ」という幻想

右も左も「日本人らしさ」がお好き？

いじめにかぎらず、今の日本ではさまざまな社会問題の解決を「心」に求める風潮がひじょうに強くなっているのはすでに述べたとおりですが、そうした傾向の中でも、私が最も不満に感じるのは、今の日本が抱えているさまざまな社会問題の原因や解決策を、「日本文化」や「日本人らしさ」に求める傾向です。

すなわち、「かつての日本人は正直者で、信義に厚く、モラルもあった。しかるに今どきの日本人は古きよき日本の心を忘れてしまっているために、いろんな問題が起きているのだ」と解説する人は少なくありません。

今の日本経済がけっして順風満帆でないのも、社会のモラルや秩序が乱れているのも、いじめや少子化問題が解決しないのも、すべてそうした「日本人らしさ」「日本の文化伝統」がなくなってしまったからだとはよく言われる話です。

こうした意見が保守的な立場から述べられたものだとすれば、いわゆる改革派の人たちはどういうふうに今の日本の現状を考えているのでしょう。

実は、改革の旗を掲げる人たちもまた「日本人らしさ」や「日本的な心」が問題だと考えているのです。

つまり「今の日本が問題を抱えているのは日本人が過去の伝統にしがみつき、島国根性から脱却できずにいるのが元凶なのだ」というわけです。こうした改革派の人たちにとっては、保守派の人たちが褒めそやす日本人特有の精神構造や日本文化こそが、日本の社会や経済がいっこうによくならない最大の原因で、もっと欧米人のようなメンタリティを持ち、グローバル化しないといけないというのです。

まったく立場を異にするはずの保守派、改革派のどちらから見ても、問題の焦点が「日本の文化」や「日本人らしい心」にあるという点で共通しているわけなのです。

そこで私の考えを述べさせてもらえば、実は何でもこうして「日本人らしさ」に結びつけて考える、その思考法自体が、今の日本の混迷を招いているのではないかと思っているのです。

文化の違いが「らしさ」を産み出した?

では、なぜ現代日本が抱えている社会問題を「日本の文化伝統」や「日本人らしさ」と結び付けて考える議論がおかしいのでしょうか。

それはそもそも「日本人らしさ」という概念自体がどれだけ実体のあるものだろうかと、私が疑っているからに他なりません。

「日本人らしい心は本当に存在するのだろうか」なんてことを書けば、おそらく多くの人は「心理学者のくせして、何を馬鹿なことを言っているのか」と思うに違いありません。

たしかに、同じ状況に直面したとき、日本人とアメリカ人ではまったく違うモノの見方をしたり、まったく異なる行動を選択することがあります。その違いが「日本人らしさ」であり、「アメリカ人らしさ」であると言えなくはありません。私が研究している心理学の一ジャンルである「文化心理学」でも、そうした文化圏ごとで人間の考え方や感じ方がどのように異なっているかを研究するのが大きなテーマになっています。

しかし、そうした「らしさ」が、日米それぞれの文化伝統が産み出した、不変のものであると考えるのは、あまりにも乱暴な議論のように私には思えてならないのです。

一例を挙げて、考えてみましょう。

「日本人は家族よりも会社を大切にする企業人間だ」という話は日本でも、アメリカでも広く受け容れられているイメージです。

今でこそ、だいぶ「アメリカナイズ」されたとはいえ、日本人は自分個人としての利益を犠牲にしてでも、集団全体の利益を優先する傾向があり、個人の価値観を優先するアメリカ人とは一八〇度違うのだという話はよく言われます。そして、そうした日本人のメンタリティは「聖徳太子以来、和の精神を重んじてきた日本独特の文化伝統」がもたらしたものだと解説されるのが普通です。

しかし、はたしてそうした解説は本当なのでしょうか？

日本人は、はたして「会社人間」か

日本独自の「和の文化」が、日本人の愛社精神や滅私奉公の精神を作り出したという話が実はかなりの「眉ツバ」であることは、戦国時代を振り返ってみれば、すぐに分かることです。

よく知られたことですが、戦国時代の武士たちは下は足軽から上は大名まで、現代のアメリカ社会と同じように、みなが実力主義の原理で動いていました。江戸時代の武士たちが主君への堅い忠誠を誇っていたのとは対照的に、自分の能力をきちんと評価してくれない「上司」ならば、さっさと見限って転職するべしということが戦国時代の常識であったと言います。

そこで、この時代の武士たちは混乱した戦場でも自分の働きぶりが分かるように、背中に旗印を立て、「遠からん者は音にも聞け、近くば寄って目にも見よ。我こそは何の何兵衛である」と自分を売り込んでいたほどです。

この一事を見るだけでも、「日本の文化伝統が愛社精神をもたらした」という解説が根拠薄弱であることがお分かりいただけるでしょう。

もちろん、このような私の考えに対して反論をする読者がおられるかもしれません。つまり、「たしかに戦国時代などの例外はあるかもしれないが、江戸時代以来の四〇〇年近く、我が国に滅私奉公の精神が連綿と受け継がれてきたのは事実だ。やはり、これは日本の文化が作り出した我が国独特の精神と言ってもいいのではないか」というわけです。

しかし、これに対しても私は疑問を抱いています。

そもそも、もし、日本のサラリーマンたちが本当に自分の会社を愛し、会社に忠誠を尽くしているというのであれば、会社の業績が落ち込んだとき、率先して自分たちの給料を下げてくれと願い出るのが当然です。自分の生活がたとえ苦しくなろうとも、会社の存続こそが大事と考えてこそ、本物の会社人間というものでしょう。

しかし、残念ながらそういう話は寡聞にして筆者は知りません（もし、あったとしてもそれは滅多にない「美談」として語られているはずですから、日本人一般の特性を証明するものにはなりません）。

なぜ、武士たちは「お家大事」で働いたのか

では、そこまで会社に忠誠心を持っているわけではないのに、なぜ日本人は家庭生活を犠牲にしても、会社のために一生懸命働くのでしょうか。

その理由は次のように解釈するのが、最も合理的ではないでしょうか。

日本のサラリーマンが会社に忠誠心を示すのは、そうやって振る舞うことが日本の社会において最も適応した行動であるからに他ならない——分かりやすく言うならば、会社に対して忠誠心を示したほうが何かとトクをするから、そうしているだけにすぎない。だから、日本人は会社人間になったというわけです。

戦後長らく続いた終身雇用制度の下では、日本のサラリーマンはアメリカ人のように転職によってキャリアアップすることが事実上、不可能だったので、出世しようと

するのであれば、自分が今現在、属している会社での評価を上げることしかありませんでした。

そのためには、いつまでも会社から帰らずに残業していたほうが、会社にアピールできるというものだし、休日返上で働いたほうが上司の評価も高くなるというものです。だからこそ、日本のサラリーマンたちは会社人間であることを選択した――こう考えるのが、最も現実的な解釈だと言えるでしょう。

江戸時代の武士たちが滅私奉公であったというのも、結局は同じ理由です。「転職」がいくらでもできた戦国時代とは違って、江戸時代では主君を替えるわけにはいきません。子どもや孫の代までも同じ殿様に仕えることになるのですから、常日頃から忠義ぶりを示していたほうが得策だった。だからこそ、江戸時代の武士たちはお家大事、殿様大事で働いていたというわけです。

「日本人らしさ」とは、生き抜くための戦略だった

さて、話を元に戻せば、私たちは日本の文化伝統が「日本人らしさ」を作り出し、アメリカの文化伝統が「アメリカ人らしさ」を作り出していると考えがちです。

なるほど、たしかに行動だけを見れば、日本人はアメリカ人よりもずっと会社人間

的であって、それが「日本人らしさ」の一部を構成しているように思えてしまいます。

しかし、それを細かく検証していけば、実は昔から日本人は集団主義的であったわけでもないし、本心から会社や藩を大事に思っているわけではありません。要するに、そうした「日本人らしさ」なるものは、実は日本の社会で生きていくための知恵、むずかしい言葉で言えば「戦略的行動」に過ぎないのではないかというのが私の考えであり、私が研究している「社会心理学」の考えであるのです。

つまり、日本人とアメリカ人の行動パターンの違いは、文化の違いがもたらしたものというよりも、その人が置かれている「環境」、つまり社会のあり方がもたらしたものにすぎないというわけです。

実際、世界的に有名であった日本人の「会社人間」ぶりも、近年、終身雇用制や年功序列制が崩壊してしまうと、あっという間に昔話になった感があります。かつての日本では、いったん就職した会社を辞めて転職するのは不利なこととも思われていたのですが、今ではよりよい働き場所を求めての転職は当たり前のことになりましたし、また派遣社員やフリーターのような、従来になかった仕事のしかたも広がっています。

つまり、日本の社会という「環境」が変わることで、生きるうえでの「戦略的行動」も変わり、その結果、「日本人らしさ」のあり方も急速に変貌してきたというわけなのです。

結局のところ、「日本人らしさ」とはけっして不変のものでもないし、日本独特のものでもない。そう断定してもけっして過言ではないと私は考えます。

ところが、今の日本のさまざまな議論を見ていると、あたかも「日本人らしさ」が不変のものであるかのような前提で語られています。

保守派の人たちは「日本人らしさ」が失われていくことが大変な危機であるかのように憂えていますし、また改革派の人たちは「日本人らしさ」がすべての改革を邪魔していると警鐘を鳴らしています。

しかし、保守派の人たちにしても、改革派の人たちにしても、あまりにも「日本人らしさ」「日本らしさ」を過大評価しているのではないか——それが私の言いたいことなのです。

人間の心の中にある「自己高揚傾向」とは

いわゆる「日本人らしい行動」とは、単に日本の社会環境にうまく適応するための「戦略的行動」にすぎない——このことを確認するうえで、ヒントになる実験があるのでここでご紹介しましょう。

心理学に、「自己高揚傾向」という言葉があります。

人間には自分自身を評価する際、実際よりもポジティブなイメージを抱く傾向があるということが昔から心理学の世界では知られていました。

たとえばあなたが何かむずかしいことにチャレンジして、それに成功したとします。その成功は、あなたの実力がもたらしたものであるかもしれないですが、本当のところ、それは偶然の結果であったかもしれません。

しかし、たいていの人は成功したら「それは自分が頑張ったからだ」とか「自分には才能があるんだ」というふうに、自分に成功の原因があったと考える――こうした心の傾向を指して、自己高揚と呼ぶわけです。

あるいは逆に、何か失敗をしたときに「自分のせいで失敗したんだ」とは思わずに、「本当はできたはずなのだが、今回はたまたま運が悪くて失敗してしまった」と考える――これもまた、現実（＝本当は実力不足で失敗した）の姿よりも自分自身をポジティブに考えているわけですから、自己高揚傾向のもたらしたものだと言えるでしょう。

人間には誰しも自尊心があるわけですが、その自尊心が失われてしまうと人間は生きていく意欲もなくしてしまうかもしれません。そこでその自尊心にたえず「浮力」を供給し、自らを守っていくための心の働きとして自己高揚傾向があるのだろうと考えられてきたわけです。

東アジアには自己卑下の文化があった⁉

ところが、心理学研究の発展の中で、「人類普遍の性質」とされてきた自己高揚傾向が日本ではあまり見られないばかりか、むしろ逆の「自己卑下傾向」が観察されるとするレポートが、二〇世紀末になって相次いで出されるようになりました。

たとえば欧米人などは、自分の成功を「自分自身の努力の結果」と自己高揚的に考えるけれども、日本人は「単に自分は運がよかっただけ」と考える傾向がある。また、逆に何か失敗をしたときに、欧米人は「運が悪かっただけ」と考えるのに対して、日本人は「自分の努力が足りなかった」と捉えるなどという具合に、欧米人と日本人では自己評価のバイアスが逆方向になっているのではないかというわけです。

さらに研究が進むと、どうも自己卑下傾向は日本のみならず、東アジア全体に広がるものではないかと言われるようになってきました。

こうした自己評価の傾向が、欧米と日本で一八〇度違っている理由について、「心と文化の関係」を重視する文化心理学者たちは、欧米と日本では「文化の中にある理想的人物像」（文化的自己観）が違うからだということを挙げています。

すなわち、欧米には何ごとにおいても積極的にチャレンジし、自分の特性を伸ばしていくことが善とされる文化がある。そういう文化の中で生きていくためには自己高揚傾向が必要とされるが、日本をはじめとする東アジア圏はそうではない。自らの欠点を見つめ、それを克服していくことで人間としての完成を目指すのが正しい生き方であるとする文化が東アジアにはあって、そこから自己卑下傾向が生まれてくるのだというわけです。

こうした説明はたしかに「なるほど」と思わせる部分があります。

アメリカ人が理想として考えるのは、名優ジョン・ウェインが演じたような西部の開拓者であり、彼らは危険をものともせずに未開の地に乗り込んでいきます。こうした場所を生きのびるには、謙虚で控え目にしていたのではたしかに無理で、アグレッシブで自分自身の才能を積極的にアピールする人が歓迎されます。

一方、人々との調和を旨とする日本社会においては、個性的で人の前に出るような人間はあまり好まれません。それよりも仏教などで精神を修練したような、穏和で人格円満な長老タイプが尊敬を集めます。

こうした文化伝統を持つ日本社会では、人々の「心の性質」もおのずから謙虚になり、自己卑下傾向を示すようになるのだという、文化心理学者の説明はそれなりに説得力があるのも事実ですし、また世間で言われている「日本文化論」などとも整合性があります。

「世渡りの方便」としての謙譲の美徳

しかし、こうした解説に対して、反論を唱える人たちもいます。

「いや、日本には謙譲の美徳というのがあって、人前で自分を高く評価する人はうぬぼれているとマイナス評価されるから、とりあえず卑下しているだけにすぎない。本当に日本人の心に自己卑下傾向があるのかは疑わしいものだ」

つまり、日本人が自己卑下傾向を示すのは、そういう態度を取ったほうが日本社会ではメリットが大きいから謙虚にしているだけのことであって、「日本人独特の心の性質」が産み出したものでも何でもない。要するに「タテマエ」と「ホンネ」を使い分けているだけのこと、もっとはっきり言ってしまえば、日本人の心が欧米人に比べて本当に謙虚であるという保証はどこにもない、というわけです。

実は筆者は、こちらの考え方、つまり日本人の自己卑下傾向は日本の社会にうまく適応していくための「戦略」にすぎないという見方に賛成です。

そもそも人類の文明が発生したのはせいぜい数千年前のことで、しかも東洋と西洋のそれぞれが特徴的な文化を築いたのは、もっとあとのこと。生命の進化の歴史と比較すれば、ほんのわずかな期間でしかありません。そんな短期間で人間の心が東洋と西洋で正反対の傾向を示すようになったというのは考えにくい話です。

それに、そもそも日本人には欧米人と対極的に謙虚な心があるというのであれば、日本の戦国時代を、どうやって説明するというのでしょうか。

前に記したように、戦国時代の日本人は自己アピールに熱心で、「下克上」の実力主義が当たり前とされ、個性豊かな武将が次々と現われています。こうした戦国時代の武将たちに、自己卑下傾向があったとは考えにくいのではないでしょうか。

そうやって考えていくと、やはり日本人の自己卑下傾向は「世渡りのための戦略」と見るのが妥当であろうと思えてくるのですが、この考え方には、ただ一つだけ弱点があります。

というのは、もし、日本人が「ホンネ」と「タテマエ」の使い分けをしているだけで、本当のところは欧米人と同じく自己高揚傾向があるというのならば、他者が見ていない状況、たとえば匿名状態で調査をすれば「ホンネ」、つまり自己高揚の回答をしなければおかしいということになります。

ところが、さまざまな試験や調査を行なって、匿名状態での日本人の自己評価を調べてみると、そのようなときでも日本人は自分を卑下する傾向を示すのです。この事実をうまく説明できないかぎり、「戦略」説も決め手に欠けてしまいます。

謎を解くカギは「デフォルト戦略」にあり

それにしても、いったいなぜ日本人は匿名状態でも、自己卑下をするのか——その謎を解くための仮説として私が考えたのは、「デフォルト戦略」の存在です。

先ほどから述べているように、日本人に自己卑下の傾向が強いのは、自分の能力を積極的にアピールするよりも謙虚な行動をしたほうが、この日本の社会ではトクをすることが多いからに他なりません。

しかし、だからといって、いつでも我々日本人が謙虚にしているとはかぎりません。たとえば就職試験の面接や異性とのデートなど、積極的に自分をアピールしたほうがメリットの大きい状況にあると思えば、普段は謙虚な人でも自分の長所を売り込むでしょう。

このように私たちは普段の生活において、「今、自分はどう振る舞ったほうがトクをするか」ということを意識的に、あるいは無意識に判断しながら暮らしていると言えるわけですが、しかし、いつでも的確に判断が下せるとはかぎりません。

たとえば相手が初対面であったりしたときには、その人が謙虚さを評価する人なのか、それとも自己アピールを歓迎する人なのかは分からないので、どう振る舞うほうがトクなのかの推測は不可能です。しかし、日本の社会では積極的に自己アピールするよりも、謙虚な態度でいたほうが、相手がどのような反応をするか分からない場合でも、それで失敗をする可能性はずっと少ないのは間違いないでしょう。

このように「どうしていいか分からないとき」に「とりあえず」選択される「無難なやり方」のことをデフォルト戦略とするならば、日本人の場合、自己卑下をすることがデフォルト戦略になると思われます。

「デフォルト」という言葉はあまり耳慣れない言葉かもしれませんが、コンピュータのソフトを使ったことがある人ならご存じでしょう。

たとえば文章作成ソフトにはいろいろな字体が使えるように、「フォントの選択」ができるようなオプションがついています。これは便利な機能なのですが、あなたが初めて文書作成ソフトを使う場面を想像してみてください。「フォントの選択」と言われても何のことか全くピンときません。どうしたらいいのか、何を選択したらいいのかわからないわけです。

もし「フォントの選択」をすることができなければ文書作成ソフトを使えないとい

うのであれば、あなたは困ってしまいます。そこで、何も知らない人が何も考えなくても使えるように、通常は何かのフォント（例えば明朝体）があらかじめ「初期値」として設定されています。

この、初期値としてあらかじめ設定されているオプションが「デフォルト」オプションです。つまり、何も選ばない時に使うようにあらかじめ設定されているものが「デフォルト」なのです。

話を戻せば、自分を卑下するかどうかにかぎらず、私たちはこうした「デフォルト戦略」をさまざまなパターンで持っているだろうと推測できます。

たとえば、町を歩いていて「こんにちは」と挨拶されたらどうするでしょうか。普通の人は相手から「こんにちは」と声を掛けられたときに、よほどその人と仲が悪いなど、特別な事情がないかぎりは気軽に挨拶を返すはずで、そのたびに「今、この人に愛想よくしておいたら、何かトクをすることがあるだろうか」と考えたり、「この人に挨拶を返さなかったら、どんなデメリットがあるか」という計算をしたりしないものです。

つまりこの場合、挨拶されたら挨拶しかえすというのが、挨拶に関するデフォルト戦略ということになるわけです。

日本人の「ホンネ」を探る

日本人が匿名状態の実験であっても、自己卑下の傾向を示してしまうのは、おそらくこうしたデフォルト戦略が選択されたためではないか、というのが私の考えた仮説です。

普通の人にとっては心理学の実験を受けるのは経験のないことなのですから、どう行動すべきかについて判断に迷うのは、むしろ当然なのかもしれません。たとえ匿名性が保証されていると言われても、それを信じて素直にホンネをさらけ出せる人は案外少なくて、「とりあえず」「無難な」戦略として、卑下することにしたのではないかというのが私の推測でした。

しかし、それで匿名状態で日本人が卑下する傾向を見せることが説明できたとしても、いったいどうすれば自己卑下という「デフォルト戦略」を発動させることなく、実験参加者に「ホンネ」をさらけ出してもらうことができるでしょうか。

そこで私は次のような実験をすることにしました。

この実験では、北海道大学の学生たちに「総合認知能力テスト」と称する二〇問のテストをやってもらい、その試験の直後に「あなたの成績は大学平均よりも上回っていると思いますか、それとも下回っていると思いますか？」という質問を出します。

もし、この学生たちに自己卑下や自己高揚といった自己評価の偏りがないとしたら、このときの答えは「上回っている」と「下回っている」とがだいたい同じ数になっているはずです。

なぜならば、この段階では、実際に自分が平均より上か下かを知る材料は彼らにはまったくありません。この種のテストを受けた経験もないし、他にどんな人たちがテストを受けたかも分からないのですから、自己の成績については当てずっぽうに答えるしかないからです。

そこで実際に尋ねてみると、およそ七割近い学生たちが「自分は平均より下だろう」と答えました。ですから、まさにこれは自己卑下傾向があるということになります。

ですが、これがはたして実験参加者のホンネかどうかといえば、大いに疑わしいところです。状況が分からないときには、とりあえず自己卑下をしておけば無難というデフォルト戦略が発動しているのではないかと疑われるからです。

やはり日本人にも「うぬぼれ心」はあった

そこで、私はもう一回、これと同じ実験を別の参加者たちを相手にやることにしました。

ただし、このとき、一つだけ条件を変えることにしました。

それは、先ほどの質問をこのように変える、というものでした。

「あなたの成績は大学平均よりも上回っていると思いますか？　下回っていると思いますか？　もし、あなたの自己評価が当たっていたら参加謝礼の七〇〇円とは別にボーナス三〇〇円を出しますよ」

このとき、参加者の回答はどうなったと思われますか？

何と、このボーナスを付けたとき、回答者のおよそ七〇％が「私は平均より上だと思う」と答えたのでした。

断わっておきますが、ボーナスはあくまでも「自分の成績が平均より上か下か」を正しく当てたときにしかもらえないのですから、参加者たちは見栄を張る必要も、謙虚になる必要もありません。

つまり、正真正銘のホンネで、自分の試験成績が平均より上か下かを考えてもらうと、七割の人が「自分は他の人より成績がいいはずだ」と答えた――ということは、実は日本人の心にも、欧米人と同じように「うぬぼれ」のバイアス、すなわち自己高揚傾向があるということを、この実験は示唆しています。

つまり、日本人の心の働きも、アメリカ人の心の働きも、そう大差はないというわけです。

また、それと同時に重要なことは、日本人が自己卑下傾向を見せるのはあくまでも、謙虚にしたほうが日本社会ではメリットがあるからにすぎないという事実です。

本来、日本人も心の性質として自己高揚の傾向を持っているのであれば、アメリカ人と同じように自分の能力をポジティブに評価して、人前でも積極的に自己をアピールしても不思議ではありません。

しかし、実際にはそうならないのは、日本の社会では特定のシチュエーションを除けば、自己評価をストレートに外に表わすよりも、謙虚な形で示したほうが失敗したときのダメージが少ないし、むしろメリットも多いからです。

つまり、「日本人らしい」と思われていた謙虚さとは、日本人が本来的に持っている心の性質などではなく、日本の社会にうまく適応するための「戦略」として生まれてきた態度だったというわけです。

はたして日本人は「みんなと一緒」が大好きなのか

こうした「日本人らしさ」への誤解は、自己卑下の傾向だけに限った話ではありません。もう一つだけ似たような例を紹介してみましょう。

文化と心の性質との関係を研究テーマにする文化心理学で唱えられている仮説の一つに、次のようなものがあります。

それは「欧米社会には「相互独立的自己観」と呼ばれる信念群が共有され、東アジア社会には「相互協調的自己観」が共有されている」というものです。

分かりやすく言うならば、欧米の人たちは「自分は他人と違うユニークな存在である」と考え、「自己主張することが自分の望む結果を得る最良の方法だ」と信じているのに対して、日本人を含む東アジアの人々は「他人と違っているのは好ましくない」と考える傾向があって、「他人と協調するのが自分の望む結果を得る最良の方法である」と信じている。分かりやすくいえば、東アジアの人たちは「みんなと一緒」が一番いいと思っているというわけです。

こうした文化心理学の考え方は、世間一般で言われている「日本人らしさ」のイメージと共通するものがあるのは言うまでもないでしょう。

日本人はスタンドプレイが嫌い、あるいは苦手で、他人との共同作業でその力を発揮する、とよく言われますが、そうした日本人の特徴をもたらしているのが「相互協調的自己観」という心の性質にあるというわけなのです。

さて、こうした仮説を検証するために、文化心理学者たちが次のような実験を行ないました。

それは、空港で飛行機を待っている旅行者たちに簡単なアンケート（専門用語では「質問紙調査」と言います）を行なうというものなのですが、その際、「調査に協力してくれたお礼に、記入に使ってもらうペンを差し上げます」と言って、袋から五本のペンを取り出します。

実はこのペンを選ぶことが実験の主眼で、質問紙調査のほうはそのためのフェイク、目くらましのようなものです。

さて、ここで差しだされた五本のペンはどれも同じ形状をしているのですが、そのうち一本か二本、他のペンと違う色のものが混ざっています。

勘のいい読者なら、もう察しがついていることでしょうが、この実験は「二種類のペンがあったとき、欧米人と東アジア人では選び方が違うはずだ」ということを検証するためのものなのです。

つまり、「協調性を重んじる東アジア人は多数派のペンを好んで選ぶだろうし、また個性を重んじるアメリカ人は少数派のペンを好んで選ぶだろう」というわけなのですが、実験の結果はまさに、その予測どおりになったのでした。実験に参加したアメリカ人のうち、少数派のペンを選んだのが多数派を占めていたのに対して、東アジア人で少数派のペンを選んだのはわずかに二割くらいしかいませんでした。

この実験を行なった文化心理学者たちが「これによって東アジア人には「相互協調的自己観」が共有されているのが確認できた」と結論づけたのは言うまでもないことです。

さっそく追試を行なう

さて、この実験を聞いて、あなたはどう思われたでしょう。

ペンを選ぶという、この実験の分かりやすさ、そして「東アジア人は横並びが好きで、欧米人はユニークさを求める」という結論は、なるほど一見するともっともらしく感じてしまいます。しかし、専門誌に発表された、この実験に関する論文を最初に読んだとき、私はすぐに「これはおかしい」と思ったのでした。

人間がある行動をしたからといって、その行動が本当にその人の心を反映しているとはかぎりません。

部下が上司に向かって「ボスはすごい人ですね」と賞賛したからといって、その部下が本心から上司を尊敬していると決めつけるのは早計というものでしょう。たしかに、部下は上司のことを尊敬しているのかもしれませんが、その一方で「ここでとりあえず褒めておけば、上司との関係がよくなる」という打算が知らず知らずのうちに働いている可能性も大なのです。

実験の結果、多数派のペンを選んだ東アジア人が多かったというのも、本当にその人たちが「他人と同じもののほうが好き」と感じたとはかぎりません。先ほどの自己高揚実験のときと同じく、「状況が分からないときには、多数派のペンを選んでおいたほうが無難だ」というデフォルト戦略が選ばれていたと見たほうが自然というものではないでしょうか。

そこで私はこの実験を追試することにしました。

実験に参加してもらったのは合計六〇〇名ほどの北海道大学とスタンフォード大学の学生たちです。この人たちは別の社会心理学実験のために集まってもらっていたのですが、彼らに対して実験前に「参加のお礼として、ペンを差し上げます」と言って、四本の同じペンと一本だけ違うペンの合計五本から選んでもらうことにしました。

人が見ていないところでは態度が変わる日本人

ここまでは文化心理学者の行なった実験と同じなのですが、日本人を対象とする実験では二種類の状況を作ることにしました。

最初の実験では、五本のペンを実験者が参加者に差しだして、その場で選んでもらっていたわけですが、私の実験では、それとは別のシチュエーションを追加しました。それは五本のペンを直接差しだすのではなく、ペンを入れた缶を実験参加者の机の上に置いたままで実験者が立ち去ってしまうというものです。

「私（実験者）は出てしまいますが、缶の中のペンをどうぞご自由に一本お取りください」というわけなのですが、さて、人が見ているか見ていないかで、実験に参加してくれた人たちの行動はどう変わったでしょうか。

この実験の結果は、私の予想どおりでした。ペンを選ぶ際に実験者が立ち会っている場合、空港で行なわれた実験とほぼ同じ結果になりました。

アメリカ人学生の場合、少数派のペンを選んだ人は四二％でしたが、日本人ではその半分近くの二三％程度しかいません。明らかにアメリカ人のほうが少数派ペンを選んでいます。

ところが、目の前に他人、つまり実験者がいない状況になると日本人でも少数派のペンを選ぶ人がぐっと増えるのです。

先ほども書いたように目の前に他人がいる場合だと一本きりのペンを選んだ人は二三％しかいなかったのに対して、目の前に他人がいないと選ぶ率は三五％にはね上がります。

もし、文化心理学者が言うように、ペンを選ぶ理由が「少数派ペンと多数派ペンに対する好みの違い」にあるのならば、他者が見ていようといまいと関係なく、日本人は多数派のペンを選ぶはずです。

しかし、実際には他人の目があるかないかで結果が違ってくるのですから、それは日本人の「好み」や「価値観」と直接の関係はないということになります。

さらに日本人の「ホンネ」を探る

しかし、それでも読者の中には「たしかに他人の目がないと、日本人でも少数派のペンを取る人は増えたかもしれない。だが、それでもアメリカ人よりも、その比率は少ないではないか。やはり、日本人のほうが「横並び意識」が強いのだから文化の差は厳然とあるのだ」と反論する人もあるでしょう。

なるほど、たしかに数字だけを比較するならば、実験者が目の前にいてもアメリカ人は四二%が少数派のペンを選んだわけで、実験者不在で少数派のペンを選んだ日本人が三五%しかいないのですから、その差を無視するわけにはいきません。

しかしこれはおそらく、前に紹介した自己卑下傾向の実験と同じく、たとえ誰も見ていない状況下であっても、無難な「デフォルト戦略」として、多数派のペンを選ぶ人が少なからずいたということだと思われます。

したがって、こうした「デフォルト戦略」を選ぶ必要のない状況を作ってやれば、日本人もアメリカ人も同じような選択をするのではないかと私は考えて、次のような実験でそれを検証してみることにしました。

日本とアメリカでそれぞれ五〇名程度の学生を集めて、次のようなシナリオに基づく質問紙調査をします。

「学生たち五人でアンケート調査に協力し、そのお礼として少し高級なボールペンをもらえることになりました。「お礼としてペンを一本差し上げますので、この箱の中からお好きなペンを選んでください」と言われたので、ペンを見てみると五本とも同じ形なのですが、外側の色が他のペンと違うものが一本だけありました」

この調査では「このような状況になったとき、あなたならどちらのペンを選びますか」と質問がなされるのですが、その答えの結果を見ると、やはり実際にペンを選んでもらった前回の実験と同じく、アメリカ人のほうが少数派ペンを選ぶ傾向にあります。

ここまでは前回と同じですが、質問はまだ続きます。

二番目の質問では、先ほどのシナリオが繰り返されたあと、最後に次の一文が付け加えられます。

「一番端の席に座っているあなたが、五人の中で最初にペンを選ぶことになりました」

さあ、この状況ならば、あなたは何色のペンを選びますか、というわけです。

さらに三番目の質問では、こうなります。

「五人が順番にペンを選ぶことになったのですが、座席の関係であなたは最後にペンを選ぶことになりました。順番がやってきて箱を見ると、五本のペンが残っています」

言うまでもないことですが、二番目の質問のシナリオでは、もし最初に少数派のペンを選んでしまえば、他の人たちは必然的に多数派のペンを選ぶしかありません。逆に、三番目のシナリオならば、あなたがどの色を選ぼうと、他の参加者に何の影響もありません。

やはり日本人もアメリカ人も変わらない

さて、この追加の二つの質問の結果はどうなったと思いますか？

実は、このように状況を明確化していくと、アメリカ人も日本人も答えは変わらなくなってくるのです。

自分が最初にペンを選ぶという状況に置かれたとき、少数派ペンを選ぶだろうと答えた人たちは、アメリカ人でも日本人でも五〇％弱でした。これに対して、ペンを最後に選ぶシチュエーションに置かれたとき、少数派ペンを選ぶと答えた人たちは日米双方ともに七〇％近くになって、統計的に見て、ほぼ同じ水準であることが分かりました。

このことはいったい何を意味するのでしょうか。

それは要するに、自分が置かれている状況が明確であるときには、日本人もアメリカ人も同じような選択をするということに他なりません。

「五人の中で最初にペンを選ぶ」という状況（最初選択）においては、自分の選択が他の人たちに影響を与えることが明白です。そうしたときに、デフォルト状況では七

図1　実はアメリカ人も日本人もペンの好みは変わらない

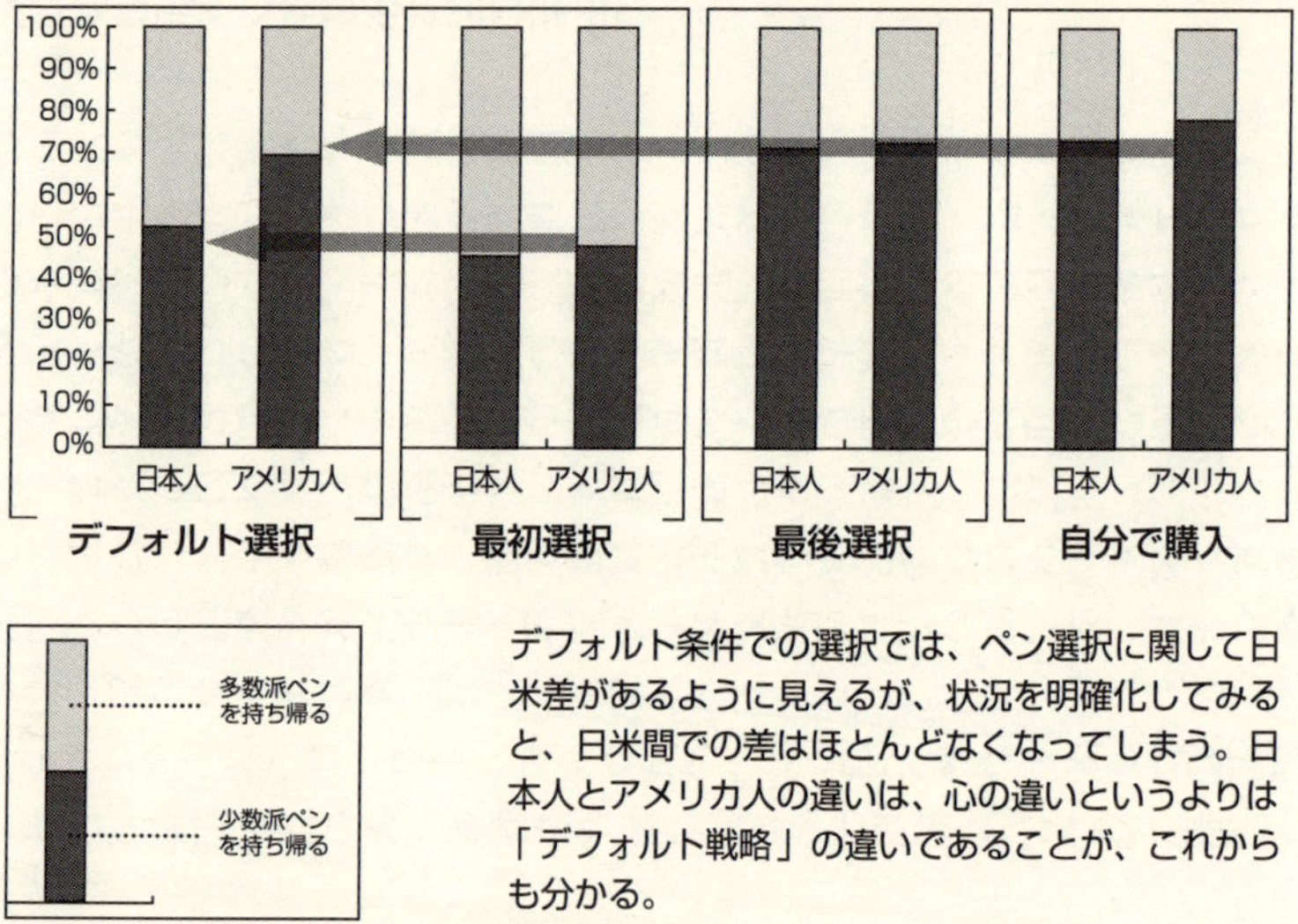

デフォルト条件での選択では、ペン選択に関して日米差があるように見えるが、状況を明確化してみると、日米間での差はほとんどなくなってしまう。日本人とアメリカ人の違いは、心の違いというよりは「デフォルト戦略」の違いであることが、これからも分かる。

割が少数派ペンを選んでいたアメリカ人も、日本人と同じ程度の「遠慮」をするようになります。

一方、自分の選択が他の人に影響を与えないことが明確な「最後に選択する」(最後選択)というケースでは、日本人の少数派のペンを選ぶ率がアメリカ人とほぼ同じレベルの七〇%になりました。

ちなみに、この調査では「ボールペンのインクが切れたので、文房具店にペンを買いに行きました」という設定で、売り場に一本だけが色違いのボールペン五本があったときに、どちらのペンを選ぶかという質問もしています。

自分のお金を出してペンを買うのですから、これこそ自分の好みを優先させて買う状況なのですが、この場合、少数派のペンを選ぶ比率はアメリカ人でも日本人でもやはり七〇%近くになって、先ほどの「最後選択」の回答とほぼ同じ結果になっています。他者の存在を気にすることなく自由に選択できる場合、日本でもアメリカでも七割くらいの人は少数派ペンを選ぶ傾向があるということが分かります。

日本人が多数派ペンを選ぶ本当の理由

こうして見ていくと、状況が明確であればあるほど日本人もアメリカ人も行動の傾向はほとんど変わらないということが分かるわけですが、日本人とアメリカ人では「自分の行動が他人にどういう影響を与えるか分からない」という状況においてどうするかという「デフォルト戦略」は明らかに違います。この点は重要です。

この実験で興味深いのは、デフォルト状況で少数派ペンを選ぶ人たちの比率が、日本人の場合、「最初選択」パターンとほぼ同じになり、またアメリカ人の場合は「最後選択」パターンとほぼ同じになるという事実です。

この事実から推定されるのは、日本人の場合、「自分の選択によって他人に迷惑をかける可能性がある」という前提で行動するのがデフォルト戦略になっているということです。一方、アメリカ人の場合は「自分の選択は誰かに迷惑をかけるわけではない」という前提で、自分の好みにしたがってペンを選ぶことがデフォルト戦略になっているのだと思われます。

では、なるべく他人の迷惑にならないように行動するというデフォルト戦略をなぜ日本人は採っているのでしょうか。

その最大の理由は、控え目な態度を取る人間のほうが好ましい人物であると日本の社会では考えられているからです――と、書きたいところですが、実は少しだけ事実は違うのです。

というのも、先ほどの調査にはまだ質問がいくつか用意されていました。

一つ目の質問は、「五本のうちから一本のボールペンを選ぶ」というデフォルト状況のときに、多数派のペンを選んだ人と少数派のペンを選んだ人それぞれにどのような印象を覚えますか、というものです。答えは「あまりよくない」から「よい」までの九段階の尺度から選択してもらいます。

また、二つ目の質問では、多数派のペン、少数派のペンをそれぞれ選んだ人たちについて「世間一般の人はどのような印象を持つと思いますか」と尋ねています。

実はペンの色にこだわらない日本人

この二つの質問を組み合わせてみると、ひじょうに興味深い結果が出ます。

多数派、少数派それぞれのペンを選んだ人に対する実験参加者本人の評価は、日本の場合、ほとんど差がありませんでした。これに対して、アメリカ人のほうがむしろ多数派のペンを選んだ人に好印象を持っていたのでした。

つまり、日本人の場合、多数派、少数派どちらのペンを取るのが好ましいことなのかということに関して、明確な意見がない。すなわち、正直なところ、そんなことはどちらでもいいと考えている人が多いことを示しています。

ところが、これが「世間の人はどう思うと思いますか」という質問になると、回答はがらりと変わって「多数派を選ぶ人のほうが好印象を持たれる」という結果になってしまうのです。

このことから分かるのは、日本人がデフォルト戦略として多数派ペンを選ぶのは、他の人と同じペンを選ぶのが好ましいことだと自分自身で思っているからではなく、みなと同じペンを選ぶ人に対して、他の人たちが好印象を持つだろうと予測するからだということです。

すなわち自分個人の意見としては、少数派のペンを選ぶほうがいいじゃないかとたとえ思っていても、世間の人は少数派ペンを選ぶ人に悪い印象を持つだろうから、少数派ペンを選ぶのは止めておこうと考えているというわけです。

なぜ「裸の王様」が続くのだろうか

この結果を見て、あなたは「変なことだなぁ」とクビをかしげたかもしれません。

童話『裸の王様』では、詐欺師たちが「愚か者には見えない服」を王様に売り込んで、王様も家臣も騙されてしまいます。みんな、その不思議な服が見えていないのですが、自分が愚か者だと思われたくなくて「素敵な服だ」とウソをつくのですが、正直な子どもが「王様は裸だ！」と叫ぶと、みんな自分たちが騙されていることに気がつきます。

この「裸の王様」の物語と、多数派のペンを選ぶのがいいことだとは思っていないのに、多数派のペンを選ぶことを「デフォルト戦略」にしている日本人の姿とはよく似ているような気がしませんか？

多くの日本人が「少数派ペンを選ぼうと、多数派ペンを選ぼうと、どちらでもかまわないじゃないか」と内心で思っているのであれば、実際に少数派のペンを選んでも、周りの人はその人の評価を下げたりしないはずです。

だとしたら、多数派ペンを選ぶメリットは実質的に存在しないことになるのですから、多数派のペンを選ぶことが「デフォルト戦略」になる理由もないはずなのです。なのに、日本の社会ではなぜ「多数派を選ぶ」ことが無難な選択だとされ、それが続けられているのでしょうか。

こうなってしまった、そもそもの原因は「自分はどうでもいいとは思っているのだが、世間の人はやはり多数派を選ぶ人を好むのだろう」とみんなが思っているからです。

ではどうして、このような「誤解」がいつまでも解消しないのでしょうか。どっちの色のペンを選ぼうとどうでもいいと自分は思っているが、ひょっとして他人も同じように考えているのじゃないのか、となぜ思い至らないのでしょうか。

あるいは、誰か正直者が「ペンの色なんてどうだっていいじゃないか！」と叫べば、日本の社会はアメリカ社会みたいに変わるのでしょうか。

実は、この「謎」を解くことが日本人と日本社会をめぐる、もう一つの「常識のウソ」を解き明かす有力な手がかりになるわけなのですが、それについては章を改めて考えていくことにしましょう。

第三章　日本人の正体は「個人主義者」だった⁉

あなたは「集団主義者」ですか？

さて、ここに簡単なアンケートがあります。わずか二問だけですが、よく考えてお答えください。

【第1問】あなたの周りにいる人たち（日本人）は、アメリカ人や西欧の人に比べて、集団主義的な考えの持ち主が多いと思いますか？　それとも個人主義的な考えの人が多いと思いますか？

【第2問】あなたは集団主義的な考え方をしていますか。それとも他の日本人よりも個人主義的な考え方をしていると思いますか？

少しだけ質問に補足をしておけば、ここで言っている「集団主義」とは自分の利益よりも、自分の属している集団（会社や地域社会、あるいは国など）を優先させる態度や考え方を言います。

たとえば、会社のためなら自分の時間をある程度犠牲にしてでも働くべきと思うのは集団主義的な考えと言えます。これに対して、自分の時間をまず優先させた結果、会社の仕事が少々遅れることになったとしてもやむをえないと思うのは個人主義的な考えと言えるでしょう。

ここで改めて言うまでもないことですが、「日本文化論」の常識では、日本の社会は欧米に比べて集団主義的な傾向が強いとされています。日本の社会では「みんなで一緒」の集団行動が好まれるのに対して、欧米ではそれぞれの人間が自分の意見を主張し、集団で活動するよりも個人個人で活動するほうを好むと言われます。

さてこうしたことを踏まえて、先ほどの二つの質問を一般的な日本人にしたところ、多くの日本人は「自分自身は集団主義的な考え方をしていないが、周りの人たちは集団主義的な考え方の持ち主である」と思っていることが分かりました。

これをもう少し砕けた感じで書き直すなら、こんな感じになるでしょうか。

「周りの人たちは世間に合わせて、仕事でも勉強でも文句も言わずに頑張っているけれど、それはちょっと我慢しすぎじゃないかなぁ？　やはり自分の考えを持つことは大事だと思うし、言いたいことはきちんと言ったほうがいいと思う」

さて、あなたの回答はどうだったでしょう？　おそらくこの「典型例」に近い人が大多数だったのではないでしょうか。

日本人のパラドックス？

なぜ、このような回答が一般的になったのかの解説はあとでゆっくりするつもりですが、この研究結果から見るかぎり、次のようなことが仮説として言えるのではないかと思います。

「日本人は自分たち日本人のことを集団主義的な傾向があると考えているが、ただし「自分だけは例外」と考えている集団である」

これは何とも不思議な話です。

もちろん、これはあくまでも平均的な日本人ということですから、「周りの連中は自分の意見を主張したがる個人主義者ばかりだが、私はあくまでも社会のため、日本のためを最優先に考えて行動している集団主義者だ」と思う方もおられることでしょう。

しかし、全体として見ると、この研究結果から考えるかぎり、日本という国は自分のことを個人主義者だと思っている人の集まりであるということになります。

では、いったい「個人主義者だらけの日本」が、どうして自他ともに認める「集団主義的な社会」になってしまうのでしょうか?

有名な論理学のパラドックスに「「クレタ人は嘘つきである」とクレタ人が言った」というものがあります。

もし、すべてのクレタ人が嘘つきだとしたら、「クレタ人は嘘つきである」と発言したクレタ人も嘘つきになってしまって、つじつまが合わなくなるという話ですが、日本人が「自分以外はすべて集団主義者である」と言っているのはクレタ人のパラドックスと、どこか似通っているようにも見えます。

勘違いの原因は「帰属の基本的エラー」にあり

この「パラドックス」を解くための一つの鍵は、社会心理学で「帰属の基本的エラー」と呼ばれている現象にあります。

ここで「帰属」というのは「原因帰属」の略で、要するに「なぜ人はそんなことをするのだろう」と人の行動の原因を考えることを言います。

社会の中で暮らしている私たちは、自分の周囲にいる人が何らかの行動をしたときに「どうしてそんなことをしたのだろう」とか「どうして、こんなことを私にしてくれるのだろう」と、知らず知らずのうちに相手の意図を推しはかるように心が動くものです。

しかし、そうした推測がつねに正しいとはかぎりません。

そこで起きるのが「帰属の基本的エラー」と呼ばれるものなのですが、人間は相手が何かをしたときにその原因をついつい「相手の心」に求めてしまう傾向があることが社会心理学の研究で分かってきているのです。

人間の行動は、つねにその人の本心から行なわれているものとはかぎりません。周りの状況からやむなくそういう行動をしている場合もありますし、第三者から強制されて、しぶしぶやっている場合もありえます。

そんなことは誰でも分かってはいるのですが、こと他人がやった行為については、そうした「事情」があってのことではないかと思わずに、その人がそういうことをする「心の持ち主」だと考えてしまうのです。

たとえば、たまたま買い物に入ったお店で、とても愛想よく懇切丁寧に接客をしてくれた店員さんがいたとします。そういう経験をしたときに、きっと、あなたはその店員さんのことを「いい人だ」「親切な人だ」と思ってしまうのではないでしょうか。

客観的に、冷静に考えてみれば、店員さんがあなたに丁寧に対応してくれたのは、接客のプロとして立派であったということにすぎません。

その店員さんは、仕事だからあなたに対して愛想よくしていただけのことで、本当は内心「早く決めてくれないかなぁ」「面倒くさい客だなぁ」と思っていたのかもしれないのです。しかし、多くの人はその店員さんの態度を見て「この人は心優しい、いい人だから、私に親切なのだ」と思ってしまうし、場合によっては「私（お客）に好意を持っているから、こんなに親切にしてくれるのだ」とまで思ったりしてしまうものなのです。

このように、相手の行動から「相手の意図」を推しはかる性質が人間にあるために起きる認知の間違いを「帰属の基本的エラー」というわけです。

余談になりますが、バーやキャバクラといった、女性が男性の接客をするお店は、この「帰属の基本的エラー」を積極的に活用（悪用？）していると言えるのかもしれません。

バーなどで働く女性にすれば、男性客に対して丁寧に接客するのはビジネスの一環でしかないし、男性の側もお金を払って店に通っている以上、そのことは頭では理解しているのです。

しかし、自分に対して優しい態度をお店の女性が示すと、「私のことを商売抜きで好意的に思ってくれているから、こういうことをしてくれるのだ」と考えてしまうというわけです。

傍《はた》で見ている人間にすれば、「なぜ、簡単に騙されてしまうのだろう」といぶかしく思ってしまうものですが、そうした思わせぶりな態度に引っかかってしまうのは、その人が世間知らずで騙されやすいというだけではなく、人間の心に備わっている「帰属の基本的エラー」の仕組みが働いてのこと、とも言えるのです。

「集団主義のパラドックス」はこうして生まれた

さて、そこで先ほどの話に戻ることにしましょう。

「帰属の基本的エラー」を前提にして考えれば、日本人の多くが「他人は集団主義的だけれども、自分は個人主義だ」と考えているという話がけっして間違いでも、パラドックスでもないことが分かります。

すなわちあなたが「自分だけは個人主義的な心の持ち主だ」と思っているのと同様、

他の人たちも「自分だけは個人主義的な心の持ち主だ」と思っているのです。

ただ、周りの人たちは——そして、実はあなたも——、人が見ているときには集団主義的に振る舞っているので、その態度から推定した結果、あなたは「私とは違って、周りの人たちは集団主義的な心の持ち主だ」と思ってしまっているというわけです。

こう考えてみれば、「みんなは集団主義的だが、私は違う」と思っている人が日本では多数派であるという話は、何の矛盾も来《きた》さないというわけです。

日常生活において、さまざまな事情から心ならずも集団主義的に行動してしまうという経験は、あなたもしょっちゅうしているのではないでしょうか。

たとえばあなたが会社で残業したりするのも、心から「仕事をしなくてはいけない」と思っている場合ばかりではないでしょう。

上司から命じられたり、納期に間に合わずに叱られるのがイヤだったりするので、しぶしぶ仕事をしているということもあるはずです。しかし、そうしたあなたの姿を見ている同僚たちは、「あいつは会社人間だから」と噂《うわさ》をしているかもしれません。

逆に、残業をしている同僚や先輩のことを見て、「真面目で、責任感のある人だ」とあなたは思ってしまうのですが、当人はやはりあなたと同じように早く帰りたくて、イヤイヤ仕事をしているだけかもしれないのです。

このように、自分自身の残業に関しては、責任感があるからでも、愛社精神があるからでもないことをしっかり自覚しているものなのに、それが他人の行動になると「他人も自分と同じ」とは考えないで、その人は本心から集団主義的に行動しているとつい思ってしまうわけです。

かくして日本人は多数派ペンを選ぶ

前章でご紹介した「ペン選択実験」で、「どちらのペンを選ぼうとかまわない」と内心では思っている人が多いのに、なぜ多数派のペンを選んでしまうのかということも、この「帰属の基本的エラー」が分かれば、理解できてくるはずです。

日本人がペン選択実験で、多数派のペンを選ぶデフォルト戦略を採用するのは「他人はきっと、多数派のペンを選ぶ人に好感を抱くに違いない」と判断しているからに他ならないのですが、「他人はきっと好感を抱くに違いない」という判断には、実は確たる根拠がありません。

周囲の人の行動や態度から、「私と違って多くの人たちは控え目だ」と思っているし、「そういう思慮深い人のほうが好かれるのだから、多数派のペンを選ぶのが正解なのだろう」と推定しているだけのことです。

人間は、こうした判断が実は間違っているのではないかとなかなか疑ったりしません。他人の行動から相手の心を推しはかってしまう「帰属の基本的エラー」が起きているからです。

『裸の王様』では「王様は裸だ！」と叫ぶ少年がいたので、王様も家臣たちも自分たちが詐欺師に騙されていたことに気づきました。

しかし、この「帰属の基本的エラー」の場合はそうはいきません。

頭では「これは商売だ」と分かっていても、クラブやバーに通って女性に入れあげつづける男性がいることでも分かるように、人間は相手の態度で心を推しはかってしまうという習性から脱することがなかなかできないようになっているのです。

思い込みが生み出す現実

「個人主義でもいいじゃないか」とみんなが内心思っていても、現実にはいつまでも集団主義が維持されてしまう――その理由の一つは、今述べた「帰属の基本的エラー」にあるわけですが、実はもう一つ重要な原因も関係しています。

それはみんなが内心、「個人主義的に行動したら、周りの人たちに嫌われてしまうのではないか」と思いこんでいると、その思いこみが本当のことになってしまうという現象です。

たとえば、集団の中に一人だけ個人主義的に行動する人がいたとします。あなたも周りの人たちも実は内心では「その程度のわがままならば、目くじらを立てるほどのことでもない。許してやってもいいじゃないか」と思っていても、それを他の仲間がいる場所ではなかなか口に出して言うことはできないものです。というのも、そこで「あいつは困った奴だな」と他の人に調子を合わせておかないと、今度は自分自身が「他の人の意見に同意しない困った奴」と思われてしまう危険性があると考えてしまうからです。

こういった話はたとえば、町内会の井戸端会議などでもしょっちゅう起きていることです。

たとえば、ご近所のAさんについての悪口を言う人がいた場合、本当はそんなことはないと思っていても、大声で悪口を言う人の話には口を合わせておかないと今度は自分が標的になってしまうかもしれないと心配になってきます。そこでついつい心にもないのに「そうだよねぇ、Aさんは困った人だわ」と言ってしまうというわけです。しかし、そうやってあなたが悪口を言うことで、他の人たちもAさんを批判することになってしまいます。

このように「他の人たちは個人主義者に批判的だろう」と思いこんでしまうことで、実際には誰もそうは思っていなくても、個人主義者が批判されてしまう現実が生まれてしまうというわけです。そして、いったんこうした「現実」が作られてしまうと、みんなが心ならずもそれに合わせて行動しなくてはならなくなってしまうのです。

集団主義と個人主義の話にかぎらず、このような実体のない思い込みが本当の現実を作り出してしまうというケースは、世の中にたくさんあります。

たとえば、「あの銀行はつぶれそうだ」という噂がいったん立つと、それを信じて貯金を引き出そうとして銀行の窓口に並ぶ人が現われたとします。そうすると、つぶれるという噂が根拠のない話だと考えていた人たちも「こうして人々が貯金を下ろし始めれば、銀行の経営が危なくなるかもしれない」と貯金を下ろす列に並びはじめることになるので、本当に銀行の経営が危機に陥ってしまうというわけです。

こういった現象は社会心理学では、「予言の自己実現」と呼ばれているのですが、集団主義の社会で個人主義者が排除されるのも、人々が「個人主義者は嫌われるだろう」と〝予言〟することがそもそもの原因になっているというわけです。

日本人の「個人主義度」を調査する

さて、こうして考えていくと、日本社会が集団主義的な社会であるからといって、それがそのまま日本人それぞれの心にも集団主義的な性格があるとはかぎらないことがお分かりいただけるでしょう。

私たち日本人も、そして欧米人も、日本人は集団主義的な心を持った人々だと思っていて、それが「日本人らしさ」だと思っています。

しかし、それは私たちが集団主義的に振る舞っているだけのことであって、それぞれの日本人の心は、実は少しも集団主義が好きではない、自分の利益や権利を主張する個人主義であるのかもしれないのです。しかし、そのことは「帰属の基本的エラー」ゆえに日本人自身も気づいていないし、ましてや外国人にはなかなか分かりません。

かくして、日本人は集団主義的な心の持ち主であるという「神話」が広がったのではないか——私は実はそう考えているのです。

しかし、意識調査の結果から「本当のところは日本人は個人主義ではないだろうか」といっても、これは単なる仮説にすぎません。そこで実際に、日本人はどのくらい個人主義的な心を持っているのか、それをまず調べる必要があります。

一般的に日本人は、みんなと一緒に行動をするのが好きで、自分のことよりも周囲の人たちの利益を大切にする傾向があると思われていますが、はたしてそれが事実なのか――それを確かめるために、私は日本とアメリカで次のような実験を行なってみました。

この実験は三人一組で行なわれるものなのですが、参加者たちは一人ずつ、個別の実験ブースの中に入って、コンピュータを使った簡単な作業を行ないます。この作業の「手間賃」が彼らのアルバイト料になるという仕組みになっています。この実験に参加したのは、日米の大学生たちです。

その作業というのは簡単なテストのようなもので、クリアした問題の数に応じた得点がそれぞれに与えられます。そして、作業終了後に三人の獲得した得点を合計し、その合計得点に見合った報酬がグループ全体に与えられます。実験の参加者たちには、その報酬を三等分したものが支払われます。

つまり、この作業はそれぞれが個別に行なってはいるのですが、報酬の面では共同作業の形を取っているということになります。

このような作業では、「ただ乗り」をする人が出てくる可能性がつねにつきまといます。たとえまったく働かなかったとしても、他の人が働いてくれれば、その人は労力ゼロで報酬を受け取ることができるからです。

そこまで悪質でなくても、個々人の間で作業効率は違ってくるはずなのに報酬額はつねに三等分なのですから、一番真面目に働いて結果を出した人は「働き損」ということになってしまいます。

「自分は真面目にやっていて、実績も出している」という自覚のある人にとっては、こうした共同作業のあり方に不満を感じる場合もあるでしょう。しかし、その人が集団主義的な心の持ち主であれば、「みんなのためだから」と我慢をするだろうと予測できます。

さて、日本人はこうした環境に置かれたときに、どのような態度を取るのでしょうか、そしてそれはアメリカ人とどう違うのでしょうか——これが、この実験のテーマです。

この実験では一セットの作業を二〇回繰り返し、一回の作業ごとに報酬を確定させていくという形式を取るのですが、そこで作業の前に「グループを離れて一人で仕事をする」というオプションを選択できることに設定しました。

もし、「みんなと一緒に頑張る」という集団主義的なやり方が気にくわない人は、グループから離脱して、一匹狼になってもいいというわけです。

とはいっても、実社会でも組織の一員として働く道を選ばず、フリーランスとして働けば、余計なことまで神経を遣わなくて済む代わり、リスクや苦労を引き受けなければいけないことも多々あります。

そこでこの実験では二つの条件を用意することにしました。

一つは、たとえ一匹狼の道を選択したとしても、集団で働いているときと同じ基準で報酬を得られるという低コスト条件、もう一つは同じ作業量に対して、集団作業のときの半分しかもらえないという高コスト条件です。

本当は「一匹狼」の日本人

さて、こうした条件の下、行なわれた実験で日本人はどのように行動したのでしょうか。

まず、一匹狼になっても、集団作業と同じ基準の報酬がもらえる「低コスト条件」のときの結果から紹介していきましょう。

この場合、日本人もアメリカ人も同じような行動を取りました。二〇回の作業のうち、平均八回の作業で実験の参加者たちは日本人でもアメリカ人でも一匹狼の道を選択しています。

一人あたり「二〇回に八回」という数値を、グループ全体に置き換えると三倍の二四回。つまり、二〇回の作業で毎回、少なくとも一人がかならず一匹狼になっている計算になるわけで、「自分は他の人よりも効率がいい」と思った人が躊躇《ちゅうちょ》なくグループを離れたのだろうと推測できます。低コスト条件では、集団作業を離れるリスクはゼロなのですから、これは合理的な行動だとも言えます。

では、次に高コスト条件ではどうなったでしょうか。

すでに述べたように、高コスト条件では作業グループから離脱することによって、他人の「ただ乗り」は防ぐことができますが、その代わり報酬の基準は半分になります。この条件下で、一匹狼になることでトクをするには、その人がグループ平均の倍以上の成績を上げている必要があります。人の倍以上働くというのは、相当ハードルの高いことで、実際、私の実験でもグループ平均の倍以上の成績を上げた参加者は一人もいませんでした。

つまり、自分の得られる報酬額を考えれば、高コスト条件でグループから離脱することは合理的な選択とは言えません。それでもグループから離脱する選択をするのは、怠け者と一緒にされるのが我慢できない、他人に利用されるのがイヤでしょうがないからだろうと推察されます。

さて、そこで実験の結果を見てみると、高コスト条件でグループから離れるかどうかの頻度において、日米間に明らかな違いが見られました。

アメリカ人参加者の場合、グループを離脱した回数は二〇回のうち平均一回程度しかありません。これに対して、日本人の場合、ほぼ八回も離脱していて、低コスト条件のときとあまり変わりません。つまり、日本人のほうがアメリカ人よりもずっと個人主義的に行動しているというわけなのです。

しかし、それにしても報酬が確実に下がると分かっていても、他の人たちとの共同作業を捨てて一匹狼になろうとする日本人の「個人主義者ぶり」には、読者のみなさんもきっと驚かれるのではないでしょうか。

一般的な文化論では、ビジネスでも学問研究でも個人レベルで力を発揮するのがアメリカ人の特性で、これに対して「日本人は個人プレイは弱いが、集団で働くと強い」と言われてきたものです。

ところが、この実験ではたとえデメリットがあろうとも日本人の参加者のほうがグループを離脱しています。この実験結果を見るかぎりでは、アメリカ人よりも日本人のほうがずっと「他人に足を引っ張られるのがイヤでしょうがない」と考える傾向が強いということであり、逆にアメリカ人のほうは、多少、他人に足を引っ張られようとも共同作業を選ぶという傾向があることが分かります。

他人を信頼するアメリカ人、信頼しない日本人

さて、こうして見ていくとやはり日本人一人一人の心の特性は集団主義どころか、むしろアメリカ人よりも個人主義的な色彩が強いのではないかという印象を持ちます。

これまで読者のみなさんの多くもきっと、「日本人は和の民族である」といった話を何の疑いもなく信じてきたことでしょう。

たとえば、よく言われることに、「アメリカ人は小さな文字でびっしりと書かれた契約書を取り交わさないと安心しないが、日本人はいったん相手を信用すれば、たとえ口約束であろうときちんと約束を守る」という話があります。

日本人は協調の精神を持っているから、相手を信用して裏切らない。これに対して、競争社会の文化の中で暮らし、個人主義の精神が徹底しているアメリカ人は相手を簡単に信用したりしない。そればかりか、隙《すき》があれば相手を裏切り、蹴落《けお》とすこともいとわないという印象を持たれています。

しかし、今紹介した実験結果では、たとえ自分が損をすることになろうとも、日本人は一匹狼の道を選びたがり、ある程度の損は承知でもアメリカ人は他者と協力して

いこうとしています。

つまり、私たちの「常識」とは正反対の結果が出ているのですが、この「謎」を解くカギを提供してくれるのが、日本の統計数理研究所が行なっている調査です。

この調査は日本人二〇〇〇人とアメリカ人一六〇〇人を対象に質問紙調査を行なったものなのですが、その結果を見ると日本人よりもアメリカ人のほうが他者一般への信頼感が強いことを示しているのです。

この調査ではさまざまな質問がなされているのですが、他者一般への信頼感に関する質問は三つあります。

その一つは「たいていの人は信頼できると思いますか、それとも用心するに越したことはないと思いますか？」という質問なのですが、この答えを日米で比較してみると、アメリカ人の四七％、つまりほぼ半数が「たいていの人は信頼できる」と答えたのに対して、日本人では同じ答えをした人は二六％、つまり四人に一人しかいないという結果になっています。

こうした傾向は他の関連する二つの質問でも変わりません。

第二の質問「他人は、隙があればあなたを利用しようとしていると思いますか、それともそんなことはないと思いますか」に対して、「そんなことはない」と答えている回答者がアメリカ人では六二%もいるのに対して、日本人は五三%で、やはりアメリカ人のほうが他者への信頼感が強いことが分かります。

さらに「たいていの人は他人の役に立とうとしていると思いますか、それとも、自分のことだけに気を配っていると思いますか」という質問に対して、アメリカ人では「他人の役に立とうとしている」と答えた人は四七%いたのに対して、日本人回答者では一九%にすぎないという結果が出て、日米差がますます開いています。

「人を見たら泥棒と思え」

こうして見ていくと、日本人がアメリカ人よりも個人主義的であるのは、日本人がアメリカ人よりも他者一般に対しての信頼感が低いことと関係があるのではないかと思わされます。

先ほどの実験に参加した多くの日本人が、アメリカ人よりも集団主義的な行動を取らなかったのは、「他の人は自分を利用しようとするのではないか」とか「他の人は自分のことしか考えていないのではないか」といった疑心暗鬼に駆られることが大きく関係しているのでしょう。

実験に参加している人にとって、他のプレイヤーは赤の他人であり、それが男性なのか、女性なのかも分からないし、直接コミュニケートできるわけでもありません。そうした状況に置かれたとき、日本人はとりあえず「他の人たちは私を裏切ったり、利用しようとするのではないか」と考えてしまう傾向にあります。つまり、ことわざで言う「人を見たら泥棒と思え」という状態になってしまうので、素性の分からない他人と協力しあうことはなるべく避けたほうがいいと判断するわけです。

これに対して、アメリカ人は他者一般に対して日本人よりもずっと信頼感を持っていると言えます。

相手が誰か分からない状況にあっても、アメリカ人のほうは「たいていの人は信頼できる」と考える傾向にあり、他の人が自分を利用するのではないかとは日本人ほどには疑わない。そこで、私が行なった実験のような状況でも、とりあえず協力的行動を取ったほうが自分もトクをするのではないかと考えるし、損をしてでも一匹狼になろうとは考えない——つまり、「人を見たら泥棒と思え」という日本人に対して、アメリカ人は「渡る世間に鬼はなし」ということわざに近い行動をしていると言えるでしょう。

なぜ、他人に対する評価が一八〇度違うのか

日本人は「人を見たら泥棒と思え」と考え、アメリカ人は「渡る世間に鬼はなし」と考える――この事実はいったい何を意味するのでしょうか。

そこでまず確認しておきたいのは、日本人が他人を容易に信じない傾向があるからといって、それは日本人の「心の性質」がアメリカ人の心よりも狭量であるとか、あるいは劣っているということではないということです。

しかしながら現実を見ると、多数派ペン実験や自己高揚傾向実験に見るように、日本人とアメリカ人では心の働き方が違うように見えます。

だが、それは日本人の心がアメリカ人と違うのではなく、日本人の場合、たとえばほかの人と一緒に行動したり、自己卑下してみせることのほうが、日本の社会でトクをするからに他なりません。つまり、そう行動することが日本社会という環境に適応する戦略であったというわけです。

さて、こうした観点に立ったとき、日本人とアメリカ人の他者に対する信頼感の違いも、実は日米社会の違いが産み出したものではないかという仮説が浮かびあがってきます。

では、いったい日本とアメリカの社会の違いのどこが、「人を見たら泥棒と思え」

の日本人と、「渡る世間に鬼はなし」のアメリカ人を作り出したのでしょうか。それを次章で検討していくことにしましょう。

第四章　日本人は正直者か？

集団主義社会とは「信頼」を必要としない社会である

ここまで私たちは、集団主義的な社会に暮らしている日本人が、実は他人を信頼しない個人主義者であり、「人を見たら泥棒と思え」といったメンタリティの持ち主なのだという事実を見てきました。

「和を以て貴《たっと》しとなす」はずの日本人がなぜ、他人を信じないのか——このことは一見すると、たいへんな矛盾に思えます。

前章でも書きましたが、戦後日本経済の発展は「日本株式会社」とも言われる、日本社会の集団主義的特徴に支えられてきたことは誰も否定することのできない事実です。

会社全体の成長のためには、残業も日曜出勤もいとわない。その代わりに会社も終身雇用制度と年功序列制度でしっかりと社員を守る。このような労使一体の経営があればこそ、戦後の日本はあっという間に超大国アメリカにさえ追いつくほどの経済成長を成し遂げられた、という話は定説と言ってもいいでしょう。

そうした集団主義は個人と企業の関係にとどまるものではありません。

たとえばメーカーと下請け会社といった企業同士の関係にしてもそこには強固な集団主義がありました。よく言われることですが、日本のビジネスではいったん取引関係ができてしまえば、その後はいちいち契約書などを作らなくても、おたがいが「あうんの呼吸」で仕事を進めていくことができるというわけです。

このような集団主義社会、よく言われる表現で言い換えるならば「和の社会」に暮らしてきた日本人が、実は「人を見たら泥棒と思え」と内心で考えているというのは、いかにも矛盾したことのように思えるかもしれません。

しかし、これは「集団主義社会とは本来、信頼をあまり必要としない社会である」ということが分かれば、ちっとも不思議なことでも矛盾したことでもないのです。

カギの要らない田舎の生活

集団主義社会とは、信頼を本質的に必要としない社会である――そのことを理解するうえで、ここでみなさんに江戸時代の山奥の農村を心に思い浮かべていただきたいと思います。

今でこそ日本には「僻地《へきち》」と呼ばれるような場所はなくなりましたが、江戸時代にはほとんどよそ者が訪れることのないような山奥に、小さな農村が点在していたものでした。

こうした農村はまさに集団主義社会の典型だと言えるでしょう。

貧しく、住民の数もさほど多くない村では何をするにしてもおたがいに助け合わなくてはなりません。田植えや稲刈りといった農作業は村の住民みんなが総出で行ないます。しかし、そうした小さな村であるがゆえに、何か困ったことがあれば「おたがいさま」の精神で助け合いが行なわれます。また、おたがいの顔はよく知っているので寝るときもいちいち戸締まりなどをしたりはしません。

まさにこうした暮らしぶりは集団主義の典型と言えるでしょう。農村に暮らす人たちは、個々人のわがままを主張することなく、つねに村全体の利益のために働きます。村長《むらおさ》の決定にはみな服従し、社会の秩序はつねに守られているというわけです。

さて、こうしたのんびりした昔の農村の人たちの暮らしぶりに対して、私たちはしばしば「やはり田舎に住む人の心は、ぎすぎすした都会人とは違う」などといった感想を抱きがちです。

しかし、はたしてそれは正しい印象と言えるでしょうか。

たしかに、このような農村では夜寝るときにカギをかけなくてもいいでしょう。しかし、それは農村の人たちが都会の人たちと違って、泥棒や強盗などをしたりしない「清い心」の持ち主だからなのでしょうか。

もちろん、そうだとはかぎりません。都会に住んでいる人間がみんな犯罪者予備軍であり、農村に住んでいる人たちが例外なく純粋で、悪に染まらぬ心の持ち主であるなんて、常識で考えれば、ありえないことなのは誰にでも分かることです。

しかし、人間の心には人の態度を見て、その人の心を推しはかってしまうという「帰属の基本的エラー」を起こす性質があります。そのために、私たちはカギをかけない農村の人たちはきっと心もきれいなのだろうと考えてしまうというわけです。

農村では犯罪を心配せずに生きていけるのはなぜか

では、いったいなぜ農村ではカギをかけずに暮らしていけるのか。

その答えは「環境」にあります。

つまり、農村という閉鎖的な社会においては、人間が悪事に走ったり、あるいは他者に対して非協力的な行動を取ることは利益にならないどころか、損になる。だからこそ、人々はカギをかけずに生活できるし、何かあったら助け合うのです。

このことをもっと分かりやすく説明しましょう。

農村の人たちが犯罪を心配せずに生きていけるのは、なぜか。

もし狭い村の中で悪いことをすれば、どうなるでしょう。四六時中、顔をつきあわせて生活しているのですから、もし、誰かの家から現金や物を盗んだとしても、さまざまな状況証拠から「あいつが怪しい」という話になるでしょう。そうなれば最悪の場合、「村八分」や「追放」という厳罰が待っています。そこまで行かなくても、みなから疑惑の目で見られ、おちおち暮らしていけなくなるのがオチなのですから、そんな犯罪は割に合わないというわけです。

農村の人々が田植えや稲刈りといった共同作業に協力的であるのも同じ理由です。

彼らが共同作業をさぼらないのは、彼らが他人を裏切ったりしない、協調的な心を持っているからだとはかぎりません。もし手伝わねば自分が困ったときに助けてもらえないという打算がそこにあるからだし、また、あまりに勝手なことばかりをしていたら、制裁を受ける心配があるからに他なりません。

つまり、集団主義社会で人々がおたがいに協力しあうのも、また、裏切りや犯罪が起きないのも、「心がきれいだから」という理由などではなく、「そう生きることがトクだから」という理由に他ならないというわけです。

他者を信頼せずに暮らせる集団主義社会

さて、こうして見ていくと、集団主義社会の中で人々が不安なく暮らしていけるのは、それぞれのメンバーが仲間を「信頼」しあっているからだとはかぎらないということがお分かりいただけるはずです。

人々の結びつきの強い集団主義社会では、メンバーがおたがいを監視し、何かあったときに制裁を加えるメカニズムがしっかりと社会の中に作られています。つまり、このメカニズムこそがメンバーたちに「安心」を保証しているのであって、個々のメンバーは他の仲間たちを「信頼」しているわけではないということなのです。

いや、もっと言えば、こうした社会においてはそもそも同じ社会の中で暮らしている相手を信頼するかどうか、考える必要すらありません。

農村に暮らしている人にとっては、相手が同じ村の中に住んでいる人間だったら、それだけで「悪さはしないはず」と安心できます。したがって、いちいち相手がウソを言っているのか、約束を守るつもりがあるのかなどと疑心暗鬼になる必要もない。

相手の信頼性など考えるだけ無駄なのです。

私たちは農村の人たちの暮らしぶりを見ていて、おたがいに相手を信頼しているからこそ、カギもかけないし、進んで協力しあうのだろうと考えますが、実はそこには「信頼」は本質的に関係していないのです。

言い換えるならば、集団主義社会とは社会の仕組みそのものが人々に「安心」を提供することによって、いちいち他人を「信頼」しなくてもいいようにしてくれる社会であるということでもあるのです。

なぜ人間は本音で語れないのか

ところで前にも少し触れましたが、個々の日本人が「自分は個人主義者だ」と内心では思っていながらも、実際には集団主義的行動をなぜしてしまうのかというのも、実はこうした相互監視や相互制裁の仕組みが大きく関係しているのです。

前の章で私は、一人一人の日本人が内心、「他の日本人は集団主義的な心を持っているが、私自身は個人主義的な傾向を持っている」と考えていながらも、全体として集団主義的に行動する理由の一つとして、「帰属の基本的エラー」を採り上げました。

つまり、人間には、他人の行動からその人の心を類推してしまう傾向があるので、周囲の人たちが集団主義的に行動しているのを見ると、その人の心までが集団主義的であると勘違いしてしまうというわけです。

しかし、日本人の行動をずっと集団主義に縛り付けてきたのは、それだけが原因ではありません。

すでに見てきたように、一人一人の日本人は個人主義的に行動することをさほど悪いことだと思っていません。となると、もし個人主義的に行動した人が周囲にいたとしても、本来ならば「正直言えば、私も個人主義的な部分があるから、他人のことは言えた義理じゃない。多少のわがままなら許してやってもいいじゃないか」と考えてもよさそうなものです。

しかし、そうやって個人主義的行動をいったん許してしまえば、「王様は裸だ！」ではありませんが、集団主義社会の枠組みはあっという間に崩壊してしまうことでしょう。ところが、実際にはそんなことは起きずに、集団主義社会がずっと維持されているというわけです。

では、いったい何が集団主義社会を維持しているのでしょうか。

その最大の理由は「もし、ここで他人のわがままを許せば、それを理由に私自身が他の人たちから責められるのではないか」と恐れてしまうことにあります。

たとえば、ここに村落合同で行なう田植えをさぼった人がいたとします。一人や二人、休む人がいたとしても全体の作業にはさほどの影響はないし、しかも、さぼりの常習犯というわけでもありません。

だったら、いちいち目くじら立ててお説教するのも面倒なことだし、今回だけは見逃してもいいじゃないか——と思いたくもなるのですが、もし、ここでさぼりを許すような態度をしてしまうと、今度は火の粉がこちらにかかってくるかもしれません。すなわち「お前は村の掟《おきて》を軽く見ているから、さぼった人間に甘いのだろう」と批判される危険性があるわけです。

つまり、いくら本音の部分では「多少の個人主義はいいじゃないか」などと思っていても、それを口に出したが最後、今度は自分に制裁が加えられると考えるので、誰も「王様は裸だ！」とは言えなくなる。その結果、集団主義社会が維持されていくというわけなのです。

脱線ついでに言えば、このように「本当のことを言えば、自分が責められるかもしれない」と思って本音が言えなくなる状況は、私たちの日常でもしょっちゅう起きていることです。

たとえば、もはや当初の目的さえ忘れられた会社の行事がいつまで経っても廃止できないのも、戦争で「もはや勝ち目はない」と誰もが思っているのに、誰一人として「降伏しましょう」と言い出せなくなるのも、同じメカニズムがもたらす現象だと言えます。

「信頼する心」がないと都会生活は送れない

話を戻しましょう。

さて、農村のような閉鎖社会の中で生活をしている人たちは、村の中にいるかぎりは、たしかに「安心」な生活を送れるかもしれません。しかし、この人たちがいったん「よそ者」ばかりの社会に行ったら、どのような思いをするのでしょうか。

そこで、みなさんに少し想像してもらいたいのですが、もし、山深い農村に住む人が都会に出て仕事をするようになったら、その人は都会の生活にどのような感想を抱くと思いますか？

きっと、田舎からいきなり都会に出てきた人にとっては、都会の生活は不安で心配事だらけに違いありません。

なぜなら、それまで「安心」を与えてくれた、村の暮らしの仕組みは都会には存在しないからです。

いろんな人がたえず出入りしている都会のような社会には、おたがいを監視しあい、何か悪事や非協力的なことをしたときに、かならず制裁を加えるようなシステムはありません（法はあっても、法による正義がかならず実現するとは限りません）。

田舎から都会にいきなり出てきた人にとって、都会の生活はまさに危険だらけで油断のならないものに見えるでしょう。

たとえば、普通のお店に買い物に行くにしても、値段をふっかけられているのではないかと疑心暗鬼になってしまうでしょうし、また、たまたま道に迷っているところを親切に案内してくれた人がいても、「ほんとうは何か下心があるのでは」と思ってしまったりするかもしれません。また、部屋を貸してくれる大家さんにしても、ほんとうは自分のなけなしの財産を狙っているのではと思えてくるでしょう。

つまり、彼にとっての都会生活とはまさに「人を見たら泥棒と思え」の連続になってしまうというわけです。

しかし、彼がそう思ってしまうのは無理もないことです。

そもそも農村での暮らしでは、相手を信頼すべきかどうかを考えなければいけない局面はほとんどありませんでした。大事なのは、その人が身内であるか否かだけであり、身内ならば「安心」であり、そうでない人は「泥棒」であると思っておけば間違いない。それが集団主義社会に適応した生き方であったわけです。

これに対して、都会での生活においては、相手がはたして信頼に足りるかどうかをつねに考えていなければならないわけですが、もし、この農民が「身内かどうか」という判断基準だけで相手に接していたとすると、どうなるでしょう。

言うまでもないことですが、彼にとって都会の人々はみな「身内」などではないのですから、誰とも協力関係は築くことはできません。

そうすれば仕事を手に入れることはもちろん、お店でものを買ったりすることさえ不安に感じてしまうわけですから生活することは絶望的にむずかしくなります。

結局、都会の生活に適応していこうとすれば、まず自分の頭で、相手が信頼に足りる相手なのかどうなのかを考える習慣を作らなければいけないというわけなのです。

「安心」と「信頼」はどこが違うか

農村のような集団主義社会とは本質的に「信頼」を必要としない社会であり、逆に都会のような、いわば個人主義的な社会とは本質的に「信頼」を必要とする社会である――一見、パラドックスのように見えますが、このことが分かれば「和の民族」であるはずの日本人が容易に他者を信じない、その理由が分かってくるというものでしよう。さらに言えば、他人との共同作業において、日本人が他者を信頼できずに一匹狼の道を選ぶというのも納得できるはずです。

すなわち、私たち日本人は「和の心」を持ち、他人と協調する精神を持っていると言われてきたわけですが、そうした協調的な行動は誰に対しても行なわれるものではなくて、あくまでも相手が「身内」であるときに限られていたというわけです。

日本人は、相手が自分の身内であれば、それだけで相手を無条件に信用していいと考えるのですが、そうでない「よそ者」に対しては最初から「泥棒ではないか」と警戒感を抱いてしまいます。集団主義社会に生きている日本人にとって「よそ者」とは自分を騙し、利用しようと考える油断のならない存在というわけなのです。

前章で紹介した質問紙実験において、日本人の多くが「たいていの人は信頼できない」「他の人たちは、隙あらばあなた（回答者）を利用しようとしている」「たいていの人たちは自己中心的である」と答えたのは、まさに「よそ者」を念頭に置いた答えであったということができるでしょう。

このような信念があるからこそ、先ほどの実験のように未知の相手と共同作業を行なうことになると、日本人は相手と協力行動をすることをよしとせず、たとえ損をすることになったとしても、一匹狼になろうとするわけです。未知の相手、すなわち

「よそ者」と一緒に作業をすることは、日本人にとってはリスクの高い行為に思えてしまうので、そのリスクを負うくらいならば一人で作業したほうがいいと判断してしまうのです。

「安心の保証」がコストダウンを産む

さて、「身内」と「よそ者」を峻別《しゅんべつ》する、こうした集団主義社会の行動原理は、ともすれば「閉鎖社会」という言葉を連想させ、けっしていい印象を与えないものであるのは間違いないでしょう。

しかし、集団主義社会であるからといって、それがすべてよくないものであると否定的に捉えるのは、正しいものの見方だとは言えません。

なぜならば、戦後日本が「奇跡」とも評される高度経済成長を成し遂げることができたのは、まさに日本社会が集団主義社会であったからに他ならないからです。

そもそも集団主義社会が悪であるというのであれば、日本社会はこれほどまでの繁栄をできるはずもありません。いやそれどころか、戦後日本経済が奇跡的な発展を遂げることができたのは、「安心」を保証する集団主義社会のメリットを日本人が最大限に活かしたからであると言っても過言ではありません。

では、集団主義社会のメリットとは何か——それは社会のシステムが「安心」を保証してくれるということに他なりません。

この「安心社会」のメカニズムがあるおかげで、日本人は相手から裏切られる心配をすることなく、経済活動に専心できた。だからこそ、他の国よりもずっとパフォーマンスのいい経営を行なうことが可能になったというわけなのです。

たとえば、前章にも書きましたが「アメリカは契約社会だが、日本人は契約書などなくてもちゃんと約束を守る」という話がしばしば「日本文化の美点」として語られてきました。

いったいなぜ日本人は契約書がなくても、ビジネス上の約束がかならず守られると確信できていたのでしょうか——その理由は今さら言うまでもないでしょう。

それは日本人が正直で誠実であったから約束を守ったというわけではありません。日本という集団主義社会の仕組みが、契約書に代わって「安心」を保証してくれていたからなのです。

すなわち日本のような閉鎖的な社会の中では仕事相手を裏切るような行為をすれば、二度とその相手とは取引できなくなりますし、また、あっという間に悪い評判が広がります。そうなれば、その後のビジネスにおいて損をすることになる。だからこそ、日本のビジネス社会では、たとえ口約束であっても相手が身内であるならば、その契約はかならず守られると信じることができたわけです。

これに対して、アメリカのような開放型の社会では、そうした安心のメカニズムは存在しません。したがって他人と一緒に仕事をする際には、詳細な契約書をいちいち作らなくてはならないのは当然のこと、相手に裏切られるリスクをつねに考えて行動せねばなりません。それは当然のことながら、コストにもはねかえってきます。万が一、契約が守られない場合の損失をつねに想定しなければならないのですから、この点においても、最初からリスクを心配しないで済む日本企業のほうが欧米企業よりもアドバンテージを得る結果になったというわけです。

集団主義社会が実現させた「奇跡の高度成長」

この契約書の話がいみじくも象徴しているように、戦後の日本経済はケイレツ、株の持ち合い、元請け＝下請け関係、さらには護送船団方式といった、さまざまな集団主義的ネットワークを活用することによって「奇跡の経済成長」を実現させたのでした。

集団主義社会がもたらす「安心」の保証があるおかげで、日本の企業はビジネス相手の裏切りも敵対的買収も心配する必要もなく、経営に専念することができました。また、そのおかげで大幅にコストもカットすることができ、価格競争力をつけることができたわけです。

また、農村社会でみんなが農作業に一致団結できたように、たとえ相手がライバル企業であっても協力体制を組むことが可能であったので、同業者の間で談合が行なわれて、過当競争による足の引っ張り合いが起きませんでした。また、対外的にも業界団体が一致結束し、行政とがっちりスクラムを組んで「見えない貿易障壁」を張り巡らせたりしたおかげで、諸外国との厳しい輸出競争に勝ち残ることもできたのです。

こうして見ていくと、戦後の日本経済は集団主義社会の特性をまさにフルに活用することによって、「奇跡の復活」を成し遂げたということがお分かりいただけるのではないでしょうか。

第五章　なぜ、日本の企業は嘘をつくのか

「安心社会の終わり」を告げる構造改革

さて、こうして戦後の日本経済は集団主義社会の特性を最大限に活かす形で発展してきたというわけですが、ご承知のとおり、近年になって日本の社会はそのあり方を大きく変えようとしています。

ケイレツや株の持ち合い、さらには護送船団方式といった、戦後の日本経済を特徴づけていた集団主義的な要素はどれも否定されるようになり、アメリカ流の「グローバル・スタンダード」に基づいた経営をどの企業も求められる時代になっています。

こうした大きな時代の流れは、労使関係のあり方をも大きく変えています。日本式経営の強さの源泉とも言われた「終身雇用制度」も「年功序列制度」も、今や昔話になったと言っても過言ではありません。

こうして見ていくと、戦後日本で長らく続いてきた集団主義の「安心社会」はもはや時代遅れのものとなり、日本もまたアメリカのような開放的な「信頼社会」へと変化しつつあるという印象を受けます。

いや、実際のところ日本人の多くが心の奥底で「もはや閉鎖的な集団主義の時代は終わった」と感じているのは間違いのない事実でしょう。小泉内閣のいわゆる「構造改革」が、国民の圧倒的な支持を受けて行なわれたことはそのことの何よりの現われだと言えます。

たしかにこれだけ経済がグローバル化し、インターネットに象徴される情報化の流れが進展している現代の地球にあって、日本だけが昔と変わらぬ集団主義社会を維持するのは、それこそ鎖国でもしないかぎり無理な話です。

しかしながら、そこで問題になってくるのは、では安心社会の「有効期限」が切れたからといって、誰でも簡単に信頼社会に入っていけるのかということです。

たしかに、本書の中で何度も強調しているように、私たち人間の心は、自分たちが置かれた環境によってその働き方を変えます。たとえば、日本の社会にいれば自己卑下傾向が現われ、アメリカの社会にいれば自己高揚傾向が現われる、というのもその一つの例です。

しかしながら、そうした環境への対応は誰もが簡単にできるわけではない。それもまた事実なのです。

そのことは、先ほどたとえ話として挙げた、田舎から出てきた農民の物語を考えてみればすぐに納得いただけるでしょう。

たしかに、閉鎖的な農村社会で生まれたときから暮らしてきた人であっても、都会の暮らしにうまく順応できて、他人との協力関係を作れる人もいるでしょう。しかしながら、誰もがそのように適応できるわけではありません。他人とうまく信頼関係を作ることができずに、都会の生活になじめないままに終わってしまう人もいるはずです。

はたして日本は信頼社会に変われるのか

とはいっても、この農民のケースならば、もし都会の暮らしになじめなくても、生まれ故郷の村に帰れば、それはそれで問題解決です。ふたたび安心社会の中に戻れば、彼にはまた落ち着いた暮らしが戻ってくるわけですが、今の日本人はそうはいきません。

長年にわたって日本人が親しんできた集団主義社会は今やどこにも存在しないし、

今さら、グローバル化の流れに逆行して、かつてのような閉鎖社会、安心社会を作りあげるのは誰が見ても無理な相談というものです。

だとすれば、私たち日本人は否《いや》が応《おう》でも信頼社会に適応して生きていくしかないということになるわけですが、さて、それは今のところうまく行っているのでしょうか——あなたは、どのように思われますか？

ここで私の答えを先に書いてしまえば、残念ながら、今の日本人は信頼社会にうまく適応できているとはとうてい言いがたい状況であると考えます。

もちろん、世の中には他人との間にうまく信頼関係を構築していっている日本人も多くいるでしょう。また企業にしても「日本的経営」の発想を抜け出して、真にグローバルな経営を行なっている経営者もいるのは間違いないことです。

しかし、日本の社会全体を見たときに、そうした信頼社会への移行はけっしてうまく行っているとは言えません。

すべてがそうだと決めつけるわけではありませんが、最近立て続けに露見している企業の不祥事隠し、あるいはさまざまな偽装問題——こうした事件の根底にも、私たちの暮らしている日本社会が「信頼社会」へとうまく移行できないことが大きく関係していると私は考えているのです。

疑心暗鬼の始まり

すでに繰り返し説明してきたことですが、閉鎖的な集団主義社会において人々が一緒に暮らしていけたのは、社会の仕組みそのものが人々に「安心」を提供していたからでした。たとえば、他の人たちが約束をきちんと守ってくれると信じていられたのは、もし、不誠実なことをしたり、裏切ったりしたりすれば、社会からの制裁をかならず受けるはずという確信があったからに他なりません。

ところが、ここ一〇年あまりの大きな社会変動の中、そうした「安心保証」のメカニズムが日本社会から急速に失われていきました。

資本のグローバル化によって、ケイレツや株の持ち合いといった、かつてのような企業同士の友好関係はなくなりました。また、規制緩和が行なわれたことで、伝統ある業界にもたくさんの新規参入組がやってくるようになり、昔ながらの慣習や秩序が守られることもなくなってしまいました。

このような状況に置かれたとき、うまく他人との間に信頼関係を構築できた人は幸せですが、もしも、その人が他人を容易に信じられない、疑りぶかい性格であったとしたら、どういうことが起きるでしょうか。

言うまでもありません。その人にとっては他人はすべて「泥棒」に見え、誰もが自分を騙そうとしているように思えて、つねに警戒態勢をゆるめないようにしているはずです。

このように疑心暗鬼に駆られた人たちが他者と容易に手を組まないのは、ただちに予想されることですが、そこで問題なのは、こうした疑りぶかい人たちに対して、周囲の人々はどのような印象を持つかということです。

不信が不信を呼ぶ

さて、この問題を考えるために、ここに極端に他人に対する信頼感の低い大富豪Aさんの登場を願うことにしましょう。

Aさんは親から譲り受けた莫大《ばくだい》な財産を持っているのですが、そのせいもあって、極度に他人を信じない傾向を心の中に持っています。Aさんにとっては他人とはすべて自分の財産を狙って近づいてくる下心を持った人たちであり、少しも油断できない存在です。ですから、Aさんはどんな人に対しても心を開こうとはしません。

このような生き方をするAさんについて間違いなく予想できることが一つだけあるとすれば、Aさんにはあまりたくさんの友人はいないだろうな、ということです。

もちろん、若いうちは、Aさんと友だちになりたいと考えた人もいたでしょうし、また誰も他人を信じられないAさんを気の毒に思い、手を貸してあげようと考える親切な人もいたかもしれません。

しかし、そうやっていくら仲良くしても、親切にしてあげても、Aさんが心の中で「何か下心があるのではないか」と疑っていることに気がつけば、普通の人ならば、Aさんと付き合うのがだんだんイヤになってくるものです。

かくして、Aさんの周りからは親身になって付き合ってくれる人がどんどんいなくなってしまいます。それでもAさんとの付き合いを止めない人たちもいることはいます。しかし、そうした人たちの多くは、多少不愉快な思いをさせられても、大富豪のAさんと付き合うことで何らかのトクがあるのではないかと考える打算的、利己的な人たちで、本心からAさんに親身になって付き合っている人はごくごく少数しかいません。

さて、こうして周囲からどんどん人がいなくなったのを見て、Aさんはどう考えるでしょうか？　自分の身の回りに友人と呼べるような人がいなくなったのは、自分が疑りぶかくて、相手に心を許さないせいだと反省するでしょうか？

意地悪な言い方に聞こえるかもしれませんが、おそらくAさんはそのような反省はしないだろうと思います。

なぜならば、自分の周囲に残っているのがAさんを騙したり、利用しようという下心を持った人間ばかりになればなるほど、Aさんは「自分の見方は間違っていなかった」とますます確信を深めるはずだからです。

「長くこの社会に暮らしてきたが、私は一人として信頼できる人間と出会うことがなかった。私の周りにいるのは利己的な人間ばかりだ。やはり他人を容易に信用してはいけないのだ」とAさんは思うようになるでしょう。

さらにAさんは、次のようにも考えることでしょう。

「そういえば、たしかに最初のころは、親切めかして近づいてくる人たちもたくさんいた。しかし、そういう連中も私が警戒を怠らないことを知ったとたん、どこかに行ってしまったところを見ると、やはり打算で近づいてきたのだ」

このように友だちが減ることによって、Aさんの心にある他人への警戒感はさらに強化され、ますます他人を信用しなくなるわけですが、話はそれで終わりません。さらに他人を信じなくなったAさんのようすを見て、わずかに残っていた友人たちも愛想を尽かして離れていってしまうのでした……。

なぜ日本人は他人を容易に信じようとしないのか

さて、このAさんの物語はもちろん極端な例であり、実際にはここまで孤立してしまう人はほとんどいないでしょう。しかし、この話が私たちに教えているのは、信頼社会に生きていくためには「不信」を出発点にしてはいけないということです。まずは他人を信頼する気持ちを持たないと、他人も自分を信用してくれない。他人との信頼関係が築けないと、ますます他人を信用できなくなる気持ちが増幅してしまい、それがさらなる他人の不信を招く——つまり「不信の連鎖」がそこに発生してしまうというわけです。

したがって、信頼社会への転換期にある現代の日本人にとっては、不信の念こそ、まずは排除すべきものであるはずなのですが、集団主義社会に長く暮らしている日本人の心には、「よそ者」を容易に信用しない傾向が作られてしまっています。

前章の質問紙調査にも現われているように、日本人は「人を見たら泥棒と思え」と考える傾向が強い人たちの集まりであって、そうした心の傾向は「お説教」などで容易に改まるものではありません。

実は、困ったことはそれだけではありません。

というのも、こうした日本人の「他者への不信」がまったく根拠のないことであるならば、まだいいのです。事実がそうでないと分かれば、やがてそうした不信の念も解けていくはずなのですから、心配は要りません。

しかしながら、現実はそうではない。日本人が他者を信用しないのには、それなりの根拠があるのです。だからこそ、「他人をうかつに信じないほうがいい」という日本人の信念体系は簡単に揺るがないという事情もあるのです。

では、いったい日本人が「他人を信じないほうがいい」と考えるそれなりの根拠とは、いったいどこにあるのでしょうか。

その答えを先に書いてしまえば、日本人が長らく生活してきた安心社会とは、実は「正直者である」や「約束を守る」といった美徳を必要としない社会であったからです。つまり、安心社会とは正直者を必要としない、正直者を育てない社会であるというわけで、そのことを知っているからこそ日本人は他者を容易に信じようとしないのです。

日本人にとって、正直は美徳ではなかった

安心社会においては、正直はけっして「美徳」ではない——。

こう書くと、たいていの読者は驚かれるかもしれません。しかし、安心社会とは何

かをもう一度、思い出してもらえれば、これがけっして誇張でもなければ、嘘でもないことがお分かりいただけるでしょう。

さて、そこでさらにもう一度、安心社会の定義を振り返ってみましょう。

集団主義的原理によって立つ安心社会とは、社会の仕組みがそこに暮らす人たちに「安心」を提供してくれる社会である――言い換えるならば、その中に暮らしているかぎりは、相手が信頼できる相手かどうかを考える必要もないのが安心社会というわけです。

さて、そこでさらに確認したいのですが、ではいったいなぜ安心社会では、相手が信頼できるかどうかを考える必要もないのでしょう。

それはもちろん、安心社会に暮らす人が正直者で、約束を守る人だから……ではありません。安心社会では、その人が正直者であるか、嘘つきであるかは本質的には関係ありません。

なぜならば、安心社会では、社会そのものがそこに暮らすメンバーたちに正直さや、律儀さを強制するような仕組みになっているからです。つまり、彼らが正直で、約束を守るのは、もしそうしなかったら社会からペナルティを受けることが分かっているからに他ならないからで、正直者でありたいと考えて、そう振る舞っているとはかぎらないのです。

孫悟空ははたして「正直な猿」か？

みなさんもよくご存じの中国古典文学『西遊記《さいゆうき》』に登場する孫悟空《そんごくう》は、さまざまな悪事をしたために、お釈迦《しゃか》様に捕らえられて五行山《ごぎょうざん》という山に監禁されてしまいます。それを助けてくれたのが三蔵法師《さんぞうほうし》であったわけですが、三蔵法師は悟空が勝手なことをしないように「緊箍児《きんこじ》」と呼ばれる輪っかを頭に付けます。悟空が悪いことをしようとしたとき、三蔵法師が呪文を唱えると、その輪っかが頭を締め付けるので悟空は何も悪いことができないというわけです。

さて、なぜこのような話をいきなり持ち出したかといえば、頭に魔法の輪っかを乗せられて、三蔵法師の言うことを聞くようになった悟空は、はたして「正直な猿」になったと言えるだろうかという話をしたいのです。

もちろん、答えは「ノー」です。

たしかに、三蔵法師の輪っかのおかげで孫悟空は自分勝手な悪事をしなくなったでしょう。しかし、それは悟空の心が変わったからではありません。何か悪いことをすれば、かならず法師に見つかって懲らしめられるのが分かっているから、悪事を控えているだけのことです。

もうここまで書けばお分かりでしょう。

安心社会の人たちは、孫悟空と実はそう大差はないのです。

安心社会において、「正直であること」は本質的な意味でのモラルとは言えません。なぜならば、このような社会では正直そうに振る舞うことは社会が要請する「義務」であっても、正直な心を持つことが努力目標にはならないからです。

おたがいに監視しあっている閉鎖社会においては、もし相手との約束を守らないようなことがあれば、かならず制裁が下されることになるのですから、嘘をつくわけにはいきません。約束を守らなかったりすれば村八分にされるかもしれないとなれば、本当は約束を守るのが面倒でしょうがないとしても、正直者として振る舞うしか選択肢はないのです。

もちろん、そうした安心社会を外から観察している人たちからすれば、安心社会の人たちは正直で、心の清い人たちの集合に見えるでしょう。しかし、それは前にもお話しした「帰属の基本的エラー」がもたらした誤解にすぎないというわけです。

なぜ日本人は「旅の恥はかき捨て」になってしまうのか

さて、ここまでの説明でお分かりいただけたように、安心社会に生きている人たちが正直でいるのは、身内同士の監視があるからであって、自制心のたまものというわけではありません。

したがって、こうした監視がなくなってしまうと、安心社会の人たちの行動はとたんに放埒《ほうらつ》になってしまいます。孫悟空が、頭の輪っかがなくなったらたちまち三蔵法師の元を脱走して、悪事をやり放題になるのと同じことです。

そうした安心社会の人々の特性を象徴するのが「旅の恥はかき捨て」ということわざです。

第二章で見たように、ふだんの日本人は他人と同じ色のペンを選び、自己卑下の傾向を見せる「控え目な民族」です。

ところが、旅行や宴会などによって一時的に自分の住んでいる場所や知り合いから離れてしまうと、ふだんの謙虚な態度はどこへやら、日常からは考えられないような大胆で突飛な行動に出て、周囲の人をあっと言わせる——こうしたことは我々の日常でも、しばしば見聞きする話ですが、このような現象が起きてしまうのは、普段は真面目だと思われていた人たちの行動規範が、実はその人自身の内面から生まれたものではなく、外部、つまり社会環境がもたらしていたものだからだということを示しています。

つまり、普段のその人の大人しい性格や、真面目な行動はその人自身の心の働きや心の性質から生まれたものではなく、そういうふうに振る舞うのが「戦略的にトクをする」から、そうしているだけのこと。したがって環境が変わって、大人しく振る舞わなければいけない状況がなくなれば、大胆なことでも平気でできるし、それを恥ずかしいとも思わない。まさに「旅の恥はかき捨て」になってしまうわけです。

相次ぐ企業スキャンダル

さて話が長くなってしまいましたが、こうやってみていくと日本人が「他人は信頼できない」と思うようになったのには、それなりの根拠があるのだというのが分かるはずです。

しかし、だからといって、そこで「他人を信用しないのは無理もない」と考えてしまうのであれば、安心社会から信頼社会へのシフトチェンジがうまくできるはずもありません。今の日本はまさに身動きの取れない状況に陥っているといっても過言ではないのです。

そのことを端的に象徴しているのが、近年の「不祥事」報道ではないでしょうか。

この一〇年あまり、日本ではさまざまな企業や組織による不祥事が相次いで報じられ、国民や消費者の不信がかき立てられる事態が起きています。

思いつくままに挙げていくだけでも、国による「消えた年金」問題、三菱自動車によるリコール隠し事件、各地の原子力発電所で起きたトラブル隠し、マンションの構造計算偽装事件、不二家をはじめとする食品賞味期限の偽装事件——数え上げていけばきりがないほどですが、今の日本で、このような「嘘をつく企業」の問題が関心を集めていることの背景として、日本の社会が信頼社会にうまく移行できていないことが大きく関係しているというのが私の観察なのです。

といっても、私は「安心社会が崩壊したことによって、それぞれの企業が「旅の恥はかき捨て」とばかりに悪事を働くようになったのだ」などといった短絡的な意見を言うつもりはありません。

そもそも、個々の企業で、不祥事の隠蔽や偽装といったことが行なわれるに至った直接の原因や、問題が起きた時期もさまざまであるはずで、それを十把《じっぱ》一絡《ひとから》げに片付けてしまうのは、あまりにも乱暴な議論です。

また、さらに付け加えれば、第一章でも述べたとおり、安心社会時代の日本の企業は立派で、消費者や社会を欺くような不正にまったく手を染めなかったというはずもない。もし、安心社会が崩壊して、悪事を働く企業が増えたということを主張したいのであれば、きちんとしたデータの裏付けが必要です。そうでなければ、ただの印象批評になってしまいます。

したがって、「不正直な企業が増えてきた」といったマスコミや論壇などの見方には保留意見をつけざるをえないわけですが、しかし、間違いなく言えることが一つあるのではないかと思っているのです。

それは安心社会が崩壊したことによって、日本人の多くが「他の人たち（企業）は「旅の恥はかき捨て」をやるのではないか」と、心の中で疑いだしたということです。

なぜ消費者は企業を信じないのか

世は自由競争の時代になり、かつてのような横並び主義は姿を消した。これまでは、みんなと調和して生きていくのが正しい時代だったけれども、個性を発揮して、自分の欲望を追求していくことが正しい時代になったのだ――こうした「時代の変化」は、私がわざわざ言わなくとも、今の日本人なら誰でも感じていることだと思います。

さて、そのような時代の変化をかぎ取った人たちは、次にどう考えるでしょうか。

ここからは私の推測でしかありませんが、多くの人たちは「そんな時代には不正直な人間や企業がますます増えてくるに違いない」と考えたのではないかと思うのです。もちろん、ほとんどの日本人はこの本で論じられてきたような安心社会や集団主義社会についての知識はありません。

しかしながら、たとえ知識がなくても、また自覚はしていなくても、自分自身が正直に振る舞っているのは、本当は「世間の目」を意識しているからだということならば、誰もがうすうす気づいているのではないでしょうか。日本の社会で昔から「旅の恥はかき捨て」ということわざが言われてきたのも、日本人が自分たちの行動にはそうした性質があるということを自覚してきた証拠だとも言えます。

そして、さらにそれに拍車をかけるのは、日本人が他者に抱く信頼感の低さです。第三章の質問紙調査でも明らかになっているように、もともと日本人は他者一般に対する信頼感が低いという傾向を持っています。つまり、「たいていの人たちは信頼できない」し、「たいていの人たちは自分のことだけに気を配っている」とも考えているわけです。

このようなメンタリティを持っている日本人は「構造改革」によって安心社会が崩壊していく中、他者への不信感を増幅させていったのではないか――そう推測したとしても、けっしてそれは間違いではないと思うのです。

感情的な企業批判

こうして不信感が醸成された日本社会の中で、企業の不祥事が報じられれば、どのような事態が起きるか——そこに生まれるのは、先ほども説明した「不信の連鎖」です。

ある企業の不祥事が明らかになって、マスメディアで報じられてスキャンダルになることは、昔からあった話です。

しかし、今と以前とで明らかに違っているのは、かつてはその不祥事について謝罪をし、対策を施せばひとまずは問題解決になったところが、今ではそれでは収まらずに、経営責任者の退陣・逮捕、あるいは会社の倒産まで見届けないことには、一連の騒ぎが終わらないという点にあります。

もちろん、そこにはかつてとは違う「消費者意識の高まり」「安全に対する意識の向上」といった事情も関係しているのでしょう。

しかし、たとえば自動車やマンションの性能偽装のように、それが直接、人の生命に関係してくるようなスキャンダルであれば、それは当事者の責任を厳しく追及していくのは当然のことです。

ですが、人が一人も死んだわけではなく、それどころか食中毒を出したわけでもなく、単に食品の原材料表示を偽装しただけのことであっても、欠陥自動車の報道と同じようにマスメディアが連日のようにトップニュースで伝え、経営陣の責任を声高に叫び、辞任を求めるのは、はたして冷静な対応、公平な報道と言えるでしょうか？正直な話、私は企業不祥事報道を見るにつけ、心の中に「魔女狩り」という言葉さえ浮かんでしまうのです。

しかし、こうした筆者の感想すらも、まかりまちがえれば「悪徳企業を弁護するもの」と誤解されかねないほど、今の日本では企業に対する強い不信感が広がっているのが事実です。

たしかに「企業は自分の利益しか考えていない」「利益を追求するためならば、企業は何でもする」という見方は一面の真実を伝えているし、また、不正直な企業を追及することは重要なことです。

しかしながら、そうした批判や追及がかならずしも企業の「情報隠し」をなくす方向につながっているでしょうか——それがそうとは言えないところに、今の日本の問題点があるのだと思うのです。

日本の企業が隠蔽・偽装に走る「ホンネ」とは

というのも、こうした一連の不祥事報道に接した企業や組織の中には、もちろん情報開示の重要性を痛感し、さまざまな社内体制を構築したところも多いでしょう。

しかし、その一方で、あまりにも激しい世論やマスコミのバッシングにおそれをなし、逆に「正直に言って叩かれるくらいならば、情報隠しをしたほうがトクだ」と考える企業や組織も少なからず存在するように見受けられるのです。

年金問題にしても、食品の偽装問題にしても、国民や消費者の不信をさらにかき立てたのは、後から後から悪い情報が出てきたという事実です。

国民年金の場合ならば、最初は年金未納の問題から話が始まったわけですが、実はその時点からすでに国民年金の基礎台帳がきちんと整理されていないことも、年金が適正に支給されていない国民がいたということも分かっていたと言います。

ところが国や社会保険庁（現・日本年金機構）は、そういった事実をマスコミや野党から追及されるまで黙っていた。それがますます国民の怒りを駆り立てたという側面があります。

企業や国の不祥事でも、浮気がばれたときでも同じことですが、「すみませんでした」と謝ったあとから、まだ隠し事があったことが分かれば信頼を回復することはきわめて困難になります。

たとえその場は大変な思いをすることが分かっていても、問題が発覚したときに隠し事をしないで正直に行動するほうが利益が大きいということは、もちろん企業や官僚組織のトップにしても分かっているはずです。しかし、それが分かっていながら、なぜ人は隠し事をするのでしょうか。

その直接の理由は「うまく隠しおおせることができれば、追加の損害が避けられる」ということではあるのでしょうが、それだけがすべてではないと思われます。

では、なぜ国やメーカーが情報隠しをしようとするか——その大きな理由の一つはおそらく、正直に情報公開したとしても、世間から「正直な組織だ」と積極的な評価をしてもらえるとは期待できないからでしょう。

むしろ、それとは逆に、情報提供を行なった結果、「今、こういう情報を発表したのには、何か裏の理由があるからではないか」と痛くもない腹を探られたり、あるいは公表した情報を自分たちの都合のいいようにねじ曲げて利用する勢力が現われたりするのではないかという不信感さえ、そこにはあるように思われるのです。

つまり、消費者や国民が企業や国家を信用していないと同様に、企業や組織の側もまたマスコミや国民、消費者を信用できない。その結果、情報隠しがさらに進展していくわけです。

しかし、そうした危惧や不安に陥って、情報を隠したらどうなるでしょうか——情報隠しをしたことがバレれば、ますます国民や消費者の怒りは高まることになって、不買運動などがエスカレートしていくことになるはずです。

そうなると、いっそう企業や組織は「バレたら大変なことになる」と身構えるようになって、もっと情報を隠そうと考えるようになるかもしれません。

つまり、国民や消費者が企業を信用しなくなればなるほど、企業も国民や消費者を信用できなくなり、それがさらに国民や消費者の不信の念を強めていくという「不信の連鎖」がそこには生まれているというわけなのです。

どうすれば信じられるようになるのか

さて、このように見てくると日本が安心社会から信頼社会に変わるためには、まずは「人を見たら泥棒と思え」と考える傾向から脱却し、「渡る世間に鬼はない」と考え、他者を信用していくことが必要だということが分かってくるわけですが、しかし、読者の中にはこうした結論に対して、異論を唱える方もきっとおられるのではないでしょうか。

すなわち、「他人を信用しなさい」というのは道徳論としてはなるほど大切な話であるかもしれないが、世の中は「信じる者は救われる」というほど簡単なものではない。他者を気やすく信じた結果、もし相手に裏切られて酷《ひど》い目にあったとしたら、どう責任を取ってくれるのか！――というわけです。

たしかに、こうした批判は傾聴に値します。

私自身、本書の中で繰り返しみなさんに述べてきたのは、いわゆる「べき論」でお説教をしても、それは何の意味もないという話でした。正直であるべき、他人を信用すべきといくらお説教をしても人間の心は変わるわけもない。

そもそも、人間の心の働きとは、与えられた環境に対応する形で生まれてくるものです。たとえば人間が勤勉の精神を発揮するのは、勤勉であることが自分自身のトクになるからであり、「勤勉であることが正しいから勤勉になる」というわけではない。

そう私は繰り返し強調してきたつもりです。

となると、日本が信頼社会になるために、一人一人の日本人が他人を信じる心を身につける「べき」であっても、その過程で日本に暮らす人たちが悪い人たちに騙されたりして、損害を受けることになるのであれば、いつまで待っても他人を信用するという心の働きは生まれてくるはずもない。

ところが、世界を見渡すとアメリカなどのように「信頼社会」が成立しているように見える社会があります。これはいったいどうしたことなのでしょうか。次章では、その「秘密」に迫ってみたいと思います。

第六章　信じる者はトクをする?

なぜ、アメリカ人は他人を信頼するのだろうか

私たちは一般的に、他者を容易に信じる人のことを「お人好し」と考えがちです。『赤ずきんちゃん』の童話ではありませんが、やさしいおばあさんのふりをした狼がうようよいるのがこの世の中なのですから、相手を簡単に信じるよりは、まずは疑ってかかるほうが賢明であると考えるのが理にかなっているようにも思われます。

ところが、前にもご紹介したように日本人とアメリカ人を比較すると、日本人は「人を見たら泥棒と思え」という具合に他人を信頼しない傾向があるのに対して、アメリカ人は「渡る世間に鬼はなし」ということわざのように、日本人よりもずっと他者に対して信頼感を持っていることが分かります。

信頼社会とはすでに述べてきたように、自分自身で誰を信頼し、誰と協力行動をす

るかを決めなくてはならない社会です。つまりは何ごとをやるにしても「自己責任」で行動しなければいけないのが信頼社会であるはずなのに、そこに暮らしているアメリカ人たちが他人を信頼する傾向があるというのはなぜなのでしょうか？

そこで一つ、仮説として考えられるのは、信頼社会に暮らしていくうえでは他人を信頼するほうがトクをするのではないかということです。

この本の中でも何度も語ってきたように、人間の心の働きは独立して存在するのではなく、与えられた環境に適応するように働きそのものも形を変えていると考えられます。となると、信頼社会で生き延びていくには、他人を信頼する心の傾向を持っていたほうが有利なので、他者に対する信頼感が高くなっているのではないかという推測が成り立つわけです。

たしかに、前の章で見てきたように信頼社会を生きていくうえで、他人を疑ってかかる態度でいることは、その人自身にとっても不利に働くことではあります。他人に対して不信の念を抱いていれば、それは自分自身にもはねかえってくることで、結局は「不信の連鎖」を招いてしまいます。

しかしながら、だからといって、そこで「当たるも八卦《はっけ》、当たらぬも八卦」とばかりに誰彼かまわず他人を信用していたら、それはそれで裏切られたり騙されたりするリスクも高くなるはずです。

となると、そこで考えられるのは、アメリカ人のように他者を信頼する傾向の強い人たちには、信用していい相手とそうでない相手とを見分ける「能力」のようなものが備わっているのではないかということです。

もし、この考えが正しいとしたら、他者に対する信頼感が高いことと、信頼社会で上手に生きていくことが両立できるわけですが、はたしてそんなムシのいいことがあるのでしょうか。

では、実際のところはどうなっているのか。それを実験で検証していくことにしましょう。

相手を信じられないから起きる「囚人のジレンマ」

他人のことを信頼する傾向の強い人は、はたして相手の信頼性をうまく見分けることができるのか。

そのことを調べるために、筆者は「囚人のジレンマ」ゲーム実験を用いることにしました。

「囚人のジレンマ」というのは社会心理学のみならず、ゲーム理論や経済学などでもよく用いられる概念です。

その内容を詳しく説明していけばきりがないのですが、ここでは「二人の人間がたがいに協力しあえばいい結果が出るのに、相手を信じられないために双方とも損をしてしまう人間関係」ということで理解をしてもらえれば充分です。

人間が一人でできることには限界があります。そこで人間同士がおたがいに協力し合っていけば、さまざまな問題が解決できるわけなのですが、困ったことに世の中には利己的な人もいます。そうしたわがままな人は他人に働かせて、自分は楽をしようと考えるものです。

もし、そのような利己的な人と一緒に働くことになったら、あなたは災難です。一緒に問題を解決しようと、あなたがせっかく行動を起こしても、相手が協力してくれないのでは、あなた一人が働くハメになって馬鹿を見ます。そんな経験は、きっとあなたにもおありでしょう。

囚人のジレンマとは、そのような状況を最もシンプルにしたものだとお考えください。

つまり、あなたともう一人の人間がここにいて、目の前に解決しなければいけない問題があるとします。

このとき、二人で力を合わせて協力し合えば、二人ともトクをする結果に終わり、二人とも協力し合わないのだったら、二人とも損をするわけですが、はたしてあなたならどうしますか、というのがこの「囚人のジレンマ」のテーマです。

この場合の「ハッピーエンド」は二人とも協力行動を選択することにあるわけですから、あなた自身は協力行動を選びたい。しかし、はたして相手も同じように考えてくれるのか、相手を信じていいのか——そこが問題です。

相手は絶対に裏切らない、自分と同じように協力行動をしてくれると、あなたが一〇〇％確信できるのだったら、躊躇《ちゅうちょ》なく「協力」のカードを切ればいいだけのことです。問題は簡単に解決します。

しかし、はたしてそこまであなたは相手を信用できますか？　そんなに信頼できる相手でしょうか？

ひょっとして相手は実は利己的な人で、あなたにただ働きをさせようとしているのかもしれません。あなたの人のよさにつけ込んで、自分はまんまとただ乗りをしようと考えているだけの人かもしれません。もし、そうだとしたら、あなたが協力のカードを選ぶのは相手の思うつぼだということになります。

しかし、相手が協力してくれる保証がないからといって、そこで「非協力」を選ぶのがはたして正しい選択と言えるでしょうか？

　あなたが協力しなければ、二人で力を合わせて問題を解決するという「最善の結果」はけっして起こりえないわけです。また、もし相手も同じようにあなたのことが信頼できないと思って、非協力を選んでしまえば、二人とも共倒れの結果になってしまいます。

　だとすると、やはり話は最初に戻ってしまいます。たとえ裏切られる可能性があっても、「協力」の選択をするのがいいのか。それとも、やはり裏切られることを前提に、こちらも「非協力」を選ぶのか――こうして、いつまでも同じところで考えがぐるぐる回ってしまい、「正解」が出てこないところが、まさにジレンマ状況であるというわけなのです。

　実は、こうしたジレンマ状況は私たちの身の回りにはたくさんあります。

　小は夫婦げんかから、大は国家間の軍拡競争に至るまで、本当は助け合えばおたがいにうまく行くのに、「相手は協力してくれないかもしれない」と疑ってしまうために、結局、協力関係が築けない――そのように相手を信頼できないために起きる不幸な状況の典型が「囚人のジレンマ」というわけです。

巻き上げるべきか、提供すべきか

さて、このような「囚人のジレンマ」状況において、「渡る世間に鬼はない」と考える高信頼者の人たちのほうが、「人を見たら泥棒と思え」と考える低信頼者よりもずっと協力行動を選ぶ割合が高くなることは容易に予想できますし、実際に「囚人のジレンマ」をゲーム化した実験においてもそのことは以前から確認されています。

しかし、ここで問題なのは、高信頼者の人たちには相手の信頼度（人間性）を見抜く力があるのかということです。

もし、そうでなかったとしたら、高信頼者たちは他人と協力しない利己主義者たちからつねにカモにされっぱなしになってしまうことでしょう。しかし、誰が利己主義者で、誰がそうでないかを見抜く力が本当に彼らにあるのか——それが問題です。

このことを確かめるために、私が実験で行なった「囚人のジレンマ」ゲームは二段構えの形を取ることにしました。

この実験では、まず最初に参加者たちが六人ずつでグループを組まされ、そこで三〇分間、ゴミ回収をめぐる集団討議をすることになります。

この討議の表向きの目的は、ゴミ回収についての意見調査にあるとされているのですが、本当の目的は討議を通じて、実験参加者が他の人たちの信頼度（人間性）を知

図2　「囚人のジレンマ」ゲーム

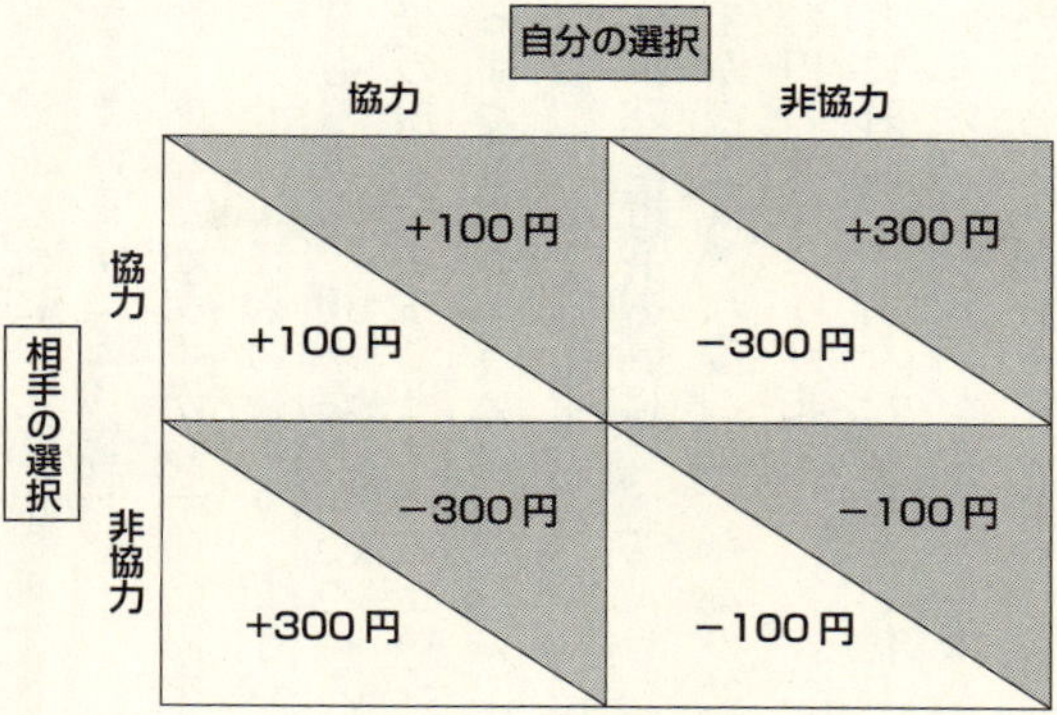

	自分の選択 協力	自分の選択 非協力
相手の選択 協力	+100円 / +100円	+300円 / －300円
相手の選択 非協力	－300円 / +300円	－100円 / －100円

ることにあります。ただし、実験の参加者には、その「本当の目的」はもちろん知らされていません。

さて、この討議が終わると、実験の参加者は討論の参加謝礼として八〇〇円をもらうのですが、今度はその謝礼を元手に、以下のような「囚人のジレンマ」ゲームをしてもらうことになります。参加者は知りませんが、実験はここからが本番です。

さて、このゲームの「ルール」はいたってシンプルです。

それは、自分の持ち金の中から一〇〇円を相手に提供するか、それとも相手から一〇〇円を奪うかという二者択一をするということです。

といっても、その場合、もし、一〇〇円

を相手に提供することにすれば、相手にはその二倍の二〇〇円が渡されます。同じように相手があなたに一〇〇円提供すれば、あなたはその二倍の二〇〇円がもらえることになっています（図2参照）。

逆に、あなたが相手から一〇〇円を巻き上げることにすると、あなたの懐には一〇〇円が入ってくるわけですが、相手はその倍の二〇〇円分の損失を受けることになります。もちろん、相手があなたの持ち金の一〇〇円を奪うと決めたら、あなたは二〇〇円分の損失をすることになるというわけです。

言うまでもありませんが、このゲームにおいては一〇〇円を相手に提供するのが「協力行動」であり、相手から一〇〇円を奪うことが「非協力行動」になります。

おたがいに相手を信じて、二人ともが協力行動を選択すれば、両者ともが二〇〇円を相手から提供されることになるので、自分が提供した一〇〇円を引いて、両者とも一〇〇円の儲けになります。

これに対して、あなたが相手を信じても、相手が裏切ったとしたら、どのようなことが起きるでしょう。つまり、あなたが一〇〇円を提供したのに、相手は一〇〇円をあなたから奪う選択をするということです。

その場合、相手はあなたから提供された二〇〇円に加えて、奪った一〇〇円も手にするので、合計三〇〇円の儲けになります。しかし、あなたのほうは一〇〇円を相手にみすみす渡したばかりか、さらに相手から二〇〇円を奪われることになるので、トータルでマイナス三〇〇円の損をしたことになるわけです。これでは、まさに踏んだり蹴ったりです。

では、今度は相手を信じないことにしたら、どうなるか。

たしかに、あなたが相手を裏切って、相手のお金を巻き上げることにしたとき、相手がお人好しにもあなたを信じてくれれば、さっきの逆で、三〇〇円のプラスになるはずです。

でも、はたしてそんなにうまく行くでしょうか？

もし、相手もあなたと同じように考えていたとしたら、おたがいに相手から巻き上げる結果になってしまいます。その場合、相手からの一〇〇円は手に入りますが、奪われたことで二〇〇円のマイナスになるので、結局、双方一〇〇円の損をしてしまうことになります。

相手の行動を予測してもらう

さて、話が長くなってしまいましたが、以上のようなルールをきちんと説明したうえで、それぞれの参加者に自分の行動を選択してもらいます。この時点ではそれぞれの参加者は自分がどの相手と組むのかは知らないのですが、とりあえず自分が一〇〇円を提供するのか、それとも相手から巻き上げるのかを決めなくてはなりません。

普通のゲームならば、そこでそれぞれの決定にしたがって、お金が提供されるか、巻き上げられるかして終わるわけですが、この実験はその結果を調べることが本当の目的ではありません。

こうしてみんなが真剣に自分の選択を決定したところで、相手が発表されるのですが、このときあなたの相手をするのは、他のメンバーの中の二人であることが分かります。

さて、そこでいよいよ本題に入ります。

あなたの相手であるとして発表された二人について、あなたは質問をされることになります。

それは「この二人はそれぞれどのような決定をしたと思いますか？　あなたにお金を提供してくれることに決めたでしょうか、それともあなたからお金を奪う決定をしたでしょうか」ということです。

つまり、ここで聞かれているのはあなたから見た他のメンバーの信頼度はどのくらいか、ということです。

といっても、適当に、当てずっぽうで答えられても困りますので、もし、あなたの予想が当たれば、実際のゲームのお金のやりとりとは別に、ボーナス一〇〇円が支払われることにします。追加の収入が入るわけですから、あなたとしても真剣に考えないわけにいきません。

一般的信頼を測定する

この実験の結果はどのようになったでしょうか。

筆者は実験を始める前に、参加者が他者に対してどの程度の「一般的信頼」を持っているかを測定していました。

ここで言う「一般的信頼」というのは、初対面の人に出会ったとき、その人に対してとりあえずどの程度の信頼を与えるか、そのデフォルト数値のことだと思っていただければけっこうです。

たとえば、これからあなたが誰か知らない人に会うことになっているのですが、その人のことをあなたは何も知りません。その人の性別も知らなければ、年齢も分からないし、その人がどういう教育を受けたのかも知らないし、今の職業も分からない。

つまり、相手についてまったくデータがない状態で、その人に対してあなたがつける「信頼性」の数値が、あなたが持っている一般的信頼のデフォルト値ということになります。

具体的には、以下の五つの質問に対して、「まったくそう思わない」（一点）から、「ひじょうにそう思う」（七点）までの七段階で答えた回答の平均値があなたの一般的信頼のデフォルト値だとして扱うことにしています。

1 ほとんどの人は基本的に正直である
2 私は人を信頼するほうだ
3 ほとんどの人は基本的に善良で親切だ
4 ほとんどの人は他人を信頼している
5 ほとんどの人は信用できる

「たった五つの質問で、その人の一般的信頼のデフォルト値が分かるのか？」という疑問を持つ人がおられるでしょう。たしかに、その疑問はもっともです。

しかし、質問自体はたしかに単純なのですが、この質問に対する回答で算定された数値が、その人自身の一般的信頼の度合いをかなり正確に反映していることが分かっています。たとえば、このデフォルト値が高い人たちは低い人よりもずっと、心理学のゲーム実験でも未知の相手と協力関係を結ぶ傾向が強いことがわかっていますし、その他の実験においてもそのことは裏付けられているのです。

想像を超えた実験結果

さて、前置きが長くなってしまいましたが、実験における相手の行動予測の的中度と、その人の持っている一般的信頼のデフォルト値との相関関係は、驚くほどの一致ぶりでした。

高信頼者と低信頼者を比べると、圧倒的に高信頼者のほうが相手の出方を正確に予測していたのです。あまりにその差が極端に出たので、何かの間違いではないかと思って、何度も再試験をしたくらいですが、やはり結果は変わりませんでした。

断わっておきますが、この実験に参加した人たちはおたがいに初対面です。つまり、相手の人間性についての判断材料といえば、わずか三〇分の討議時間で話をしたこと以外に何もありません。たったそれだけしか知らないというのに、高信頼者は相手がどのような出方をするかをかなりの確度で当てていたのでした。

しかし、一般的信頼が高い高信頼者のことですから、誰に対しても「相手は自分にお金を提供するはず」と期待して、それがたまたま当たったにすぎないという可能性も否定できません。

そこで再度、データをチェックして精査してみたのですが、「相手は自分から巻き上げるだろう」と推定した場合でも高信頼者の予測のほうがずっと当たっていたのです。

さらに私たちはこの事実を確認するために、さまざまな実験を行なってみました。たとえば、最初の実験では、実験の参加者たちはまったくの初対面であったわけですが、これが普段から付き合いのあるメンバー同士だとどうなるのでしょう。顔見知りの関係だと人間性を見る目が曇《くも》って、相手の行動をうまく予測できないということはないでしょうか。

そこで、今度は大学の同じ講座に所属する学生たちを集めて、同じ「囚人のジレンマ」実験をやってもらったのですが、ここでも一般的信頼の高い学生のほうが低い学生よりも他者の行動を正確に予測できていることが確認できました。

高信頼者はシビアな観察者だった

一般的信頼が高い高信頼者の人たちが、ここまで他人の行動を正確に予想できるというのは驚きです。実験結果を見ていると、この人たちがまるで超能力を持っているのではないかとさえ思いたくもなるのですが、別の角度から高信頼者たちの特性を調べていくと、さらに興味深い事実が分かってきました。

先ほどの実験では、参加者の実際の行動を予測してもらったわけですが、今度はいくつかのシナリオ（物語）が書かれた冊子を配布して読んでもらい、その物語中に出てくる登場人物がそのあとどのような行動をするかの予測をしてもらう実験を行ないました。

一例を挙げるならば、「Aさんは車を運転していて、駐車場に停めてある車に自分の車をぶつけてしまいました」というシナリオがあるとします。このシナリオには、その場には誰もいないので、そのまま当て逃げをしても誰にも分からない状況であることも書かれています。

参加者にはこのシナリオを読んだあとに、Aさんがそのまま立ち去る、つまり当て逃げをする可能性（確率）が何％あるかを予測してもらうというわけです。

このようなシナリオが与えられたとき、Aさんが当て逃げをする可能性を高く見積もるのは高信頼者より低信頼者のほうだろうということは容易に予想できるわけですが、ここで調べたいのは、このシナリオに加えて、登場人物Aさんに対する追加情報が与えられていた場合、実験参加者の予測がどう変わるかということです。

その追加情報には「Aさんは並んでいる列に割り込んでいた」といったネガティブなものもあれば、「道ばたのゴミを拾っていた」というポジティブなものもあります。また、追加情報は一つだけではなく、二つの場合もあります。

もし、高信頼者が単なる「お人好し」であるとするならば、ネガティブな追加情報があったとしても、Aさんの行動に対する予想はあまり変化させないはずです。また逆に、他人に対する信頼の低い人たちのほうは、人間全般に対する期待値が低いわけですから、このようなネガティブ情報が与えられれば、さらに評価を下げるのではないかと考えられます。

ところが実験をやってみると、この予測はまったく外れていました。

というのも、このシナリオ実験においてネガティブ情報に対して最も敏感に反応したのは、実は高信頼者のほうであって、逆に低信頼者のほうはネガティブ情報に対してはあまり反応しなかったのです（ちなみにポジティブ情報に対しては、高信頼者、低信頼者の間では反応の大きな違いはありませんでした）。

たしかに、何の追加情報もない状態においては、低信頼者のほうが物語の登場人物に対する評価は低いのですが、そこにネガティブな情報が与えられていくと、高信頼者のほうがその評価の値をどんどん切り下げていくのです。これに対して、低信頼者のほうはそれほど切り下げるわけではありません。

つまり、この実験結果を見るかぎりでは、高信頼者のほうが実は他人が本当は信頼できるのかどうかに対してセンシティブで、その人に何か問題がありそうだと思うと、すぐに評価を変える柔軟性を持っているということになります。つまり、単なる「お人好し」どころか、高信頼者はシビアな観察者であるというわけです。

低信頼者は悲観主義者

このシナリオ実験の結果は、なぜ高信頼者のほうが低信頼者よりも他人の行動を的確に予測できるのかという疑問に対するヒントを与えてくれるものだと言えるでしょう。

悪い情報を与えられたときに、低信頼者のほうが相手の評価を変更しないという事実は、低信頼者の人たちは最初から「他人は信じられない」「他人は裏切る」と決めつけているので、それ以上の興味を持たないことを示唆しています。

これに対して、高信頼者のほうはたしかに最初の「デフォルト信頼値」は低信頼者よりも高いのですが、彼らの場合は低信頼者とは違って、その人に関する追加情報を手に入れれば、それを積極的に活用して、評価を修正する能力を持っています。

つまり、高信頼者の人たちは最初から相手を「いい人」だと思いこむお人好しなどではなく、「ひょっとしたら、相手は悪い人かもしれない」と考えるだけの思考の幅を持っていると言えるのではないでしょうか。

この推測が正しいのではないかと示唆するのが、一九七〇年代にハロルド・ケリーとアンソニー・スタヘルスキーという二人が行なった「囚人のジレンマ」実験です。

この実験において、ケリーたちは協力行動を選ぶ傾向にある参加者と、非協力行動を選ぶ傾向にある参加者たちに対して、相手がどのような手を選ぶと思っているかを尋ねてみました。

そこで分かったのは、非協力行動を選ぶ人たちは「ほかの人たちはかならず非協力行動を選ぶに違いない」と思いこんでいるという事実でした。

ここまで何度も説明してきたように、「囚人のジレンマ」とは、相手を信頼できるかどうかが問われる状況です。相手を信頼してみようと思えれば話は簡単なのですが、はたして相手が信用できるのかが分からない。そこが悩ましいというわけなのですが、実は非協力行動を選んでいる人の多くは、そこまで深く考えて非協力行動を選んでいるのではなく、「どうせ相手は非協力行動をするに違いないから、こちらもそれに応じて非協力行動をするしかない」と考える悲観主義者であったというわけです。

では、これに対して、協力行動を選ぶ傾向の強い人たちは、相手をどういうふうに見ていたでしょうか。

非協力行動を選ぶ人が悲観主義者であるというのであれば、協力行動を選ぶ傾向のある人たちはそれとは反対に「相手が協力行動をしてくれるに違いない」と考える、単純な楽観主義者ではないかと推測してしまうのですが、実際にはそうではありません。

ケリーたちの実験によれば、協力行動を選んだ人たちは「人はさまざまなのだから、協力する人もいるし、しない人もいるだろう」とクールに世の中を見ていたことが明らかになっているのです。

なぜ「彼ら」は協力行動を選ぶのか

「人間はみんな信用できない」と考えるのが低信頼者だとすれば、高信頼者は「人間はみんな信用できる」と考えるお気楽者に違いないと私たちは思ってしまうのですが、実はそうではなく、「人間にはいい人もあれば、悪い人もある」と考えるリアリストでもある——この事実は、私たちが高信頼者に対して抱いているイメージを根本から考え直す必要があることを示しています。

なぜならば、高信頼者は他人との協力関係を築こうという気持ちは持ちつつも、その協力関係がかならず築けるとは楽観視していないということでもあるからです。「ひょっとして自分は裏切られるかもしれない」ということも知りつつ、それでもなお協力関係を結ぼうと考えているのが彼ら高信頼者であるわけです。

しかし、そのような失敗の可能性を知りつつも、なぜ高信頼者は他者との協力関係を築こうとするのでしょうか。

それは、たとえ失敗のリスクがあったとしても、他者と協力関係を築くことにはそのリスク以上の意義があることを知っているからでしょう。分かりやすく言うならば、他人と協力しあうことで得られる成果は、裏切られる悔しさよりもずっと大きいことを知っているということになるでしょう。

また、それと同時に、人生とはギブ・アンド・テイクなのだから、まずは自分が「ギブ」、つまり協力行動をしないかぎり、何も始まらないということを彼らは知っているのだと思われます。

実際、先ほどの「囚人のジレンマ」実験において、心理特性実験を併せて行なったところ、相手の行動をうまく予測できた人たちには「人間関係は持ちつ持たれつである」という信念が共通していたことが分かっています。

他人の行動をより正確に予測できるというのは、高信頼者の特性です。したがって、高信頼者たちは「人間関係は持ちつ持たれつ」、つまり他人に協力することが人生に不可欠であると思っているというわけです。

これに対して、他人の行動がうまく予測できなかった人たちの心理特性を調べてみると、彼らは生きていくうえで他人と協力することはそれほど重要なことではないと考えていることも分かりました。

経験の積み重ねが検知能力を向上させる

こうした事実が分かってくると、なぜ高信頼者たちが他人の信頼性を正しく検知できるのかという「秘密」も解けてきます。

もともと他人との協力関係が、生きていくうえで必要不可欠だと考えている高信頼者は、他人との間に協力関係を築こうと積極的に行動します。もちろん、そこでかならず協力関係がうまく行くとは限りません。時には信じた相手から騙されることもあるでしょう。

しかし、そこで高信頼者は懲りることなく、その失敗を教訓にしてまた他者との協力関係を築こうとするので、高信頼者たちは他人の信頼性をだんだん的確にチェックできるようになっていくというわけです。

さらにそこで付け加えれば、こうして他人の信頼性をうまく検知する能力を手に入れれば、それだけ高信頼者たちは協力関係において成功を収めていくので、ますます他者と関係を結ぼうと考えるでしょう。そうなると、ますます経験値が増していくので、さらに相手の信頼性を検知する能力に磨きがかかっていくというわけです。

これに対して、低信頼者の場合は最初から他人との協力関係はありえないと思っているので、他人がどれだけ信用できるかどうかなど考えてもみようとしません。その結果、低信頼者の信頼性検知能力は磨かれることなく終わってしまいます。

いや、それだけならばいいのですが、こうした低信頼者の人もときには他人との協力関係を結ぼうと考えるかもしれません。しかし、彼らには相手の信頼性を正確に予想する能力がないので、しばしば相手に裏切られたり騙されたりします。この結果、ますます低信頼者は相手を信用しなくなってしまうので、さらに他人の信頼性を検知する能力が育たないという結果になってしまいます。

つまり、高信頼者には「ポジティブなスパイラル現象」とでも言うべきものが起きていて、彼らをますます信頼社会に適合させているのに対して、低信頼者では「ネガティブ・スパイラル」が起きてしまい、信頼社会において不適合な方向に進んでしまっているということが分かります。

こうして見ていくと、信頼社会でうまく適応して生きていくためには、多少の失敗は気にせずに、前向きに他人と協力関係を結んでいく努力をしていくことが大事だということが改めて分かってくるわけです。

第七章　なぜ若者たちは空気を読むのか

集団主義社会では人間関係を読む力が必要になる

ところで、ここでお断わりしておかなければいけないことが一つあります。というのは、高信頼者はたしかに他者の人間性（信頼性）を検知する能力に長《た》け、積極的に他者との間に信頼関係を構築していこうとする意思を持った人たちであると言えます。しかし、そこで低信頼者の人たちが社会に適合できない「劣った人たち」であるという印象を持たれたのであれば、それは誤解であると指摘しておかねばなりません。

というのも、高信頼者の人たちが持っているとされる信頼性検知能力は、あくまでも「信頼社会」に適合した能力であるからです。

社会の仕組みそのものが「安心」を保証してくれる安心社会の内部においては、そもそも相手が信頼できるのかできないのかといった「査定」そのものが必要ありません。

社会自体が、その人が約束を守ることを保証しているわけですから、相手が「身内」であるかぎり、相手が裏切ることはまずありえないし、身内以外の「よそ者」とは手を組まなければいいだけのことです。

つまり、こうした閉鎖社会においては、高信頼者の持つ信頼性の検知能力はいわば無用の長物というわけなのです。あくまでもこの能力が役に立つのは、誰が信頼できるかが保証されていない流動的な世界においてのみなのです。

では、安心社会においては、その代わりにどのような能力が発達していないと困るでしょうか。

私はそれを「関係性検知能力」と呼んでいます。

ここでふたたび安心社会の典型例として、江戸時代の農村を想像してみてください。よそ者がほとんど訪れてこないような農村において、上手に生きていくにはいったいどのような能力が必要になってくると思いますか。

そのような社会において生き残るために最も重要なことは、「誰と付き合うことが最も安心をもたらしてくれるか」ということを見極めることではないかと思われます。

つまり、自分の属している集団の内部で最も力を持っているボスが誰であるか、またそのボスと仲良くなるにはどの人を味方に付けておかねばいけないか、あるいは誰と必要以上に仲良くするのはよくないか——こういった集団内部の力関係、人間関係を正確に読み取っておくことが、その人が社会に適応していくために大事なテーマになってくるというわけです。

そこで重要になってくるのは誰と誰が仲がよくて、誰と誰が仲が悪いかということを見極める能力だと言えるでしょう。

こうした人間関係を読み間違えて行動してしまうと、集団主義社会の中ではその後、たいへん生きづらくなってしまいます。そもそもコミットメント関係は容易に離脱できないのですから、他者との折り合いがいったん悪くなったら、それこそ取り返しがつきません。

したがって集団主義社会に生きている人たちにとっては、信頼性検知能力よりも関係性検知能力が求められるであろうと容易に推測できるわけです。

「他人を信じるのは愚かなこと」と考える人たち

では、いったい関係性検知能力を持っている人はどのような人でしょうか。

そのことを調べるために、さまざまな実験をこれまで行なってきました。その実験の詳細はここでは省略しますが、そこで分かってきた重要な点の一つは、この人たちの関係性検知能力は、対人関係を積極的に処理するためのツールとして使われているのではないという点です。

常識的に考えると、集団内の人間関係や、誰が誰に対して好意を抱いているかをよく察知・理解していると聞くと、「人間的によくできた人」「気配りのできる人」というイメージを抱いてしまうものです。

すなわち、人間関係の洞察力を通じて、他人との調和を上手に図りながら目的を達成していくといったいわば「村長《むらおさ》」タイプの人間を想像してしまいます。

ところが、実際に調べてみると、この人たちの能力は集団をまとめるためではなくて、自分が属している集団の内部でできるかぎり波風を起こさないようにすることに向けられていることが分かってきたのです。

しかし、彼らの関係性検知能力が、いわば「後ろ向き」のものであることは、ある意味で当然のことと言えます。そもそも彼らが他人の関係性に気を遣うようになったのは、集団内部の秩序や安定性が揺らぐことで、自分に火の粉がかかってきては困るということが原点でした。つまり、なるべく自分の地位を維持したいという欲望が最初にあって、それを守るために人の顔色をうかがう必要があったわけなのですから、関係性検知能力が現状維持のために用いられるのはむしろ当然すぎるほど当然の帰結だと言えます。

できるかぎり波風を起こさないよう、他人の顔色をうかがっているという意味で私は彼らのことを「社会的びくびく人間」と呼んでいるのですが、そういえば、最近の日本の若者の間では「空気を読む」という言葉が流行っていると聞きます。

空気を読むとは、その場の雰囲気を乱さない言動をするという意味で、集団の中ではそのように振る舞うのが正しいということなのでしょうが、まさにこれは私の言う「社会的びくびく人間」の行動パターンに当てはまる気がするのです。

すでに本書の中で何度も触れているとおり、現代の日本は「安心社会」から「信頼社会」への転換が迫られているわけですが、そうした時代の中、高信頼者の行動パターンがもてはやされるのではなく、集団主義の「びくびく人間」型の生き方に若者たちが価値を見いだしているというのは、何とも困った事態とは言えないでしょうか。

環境が社会的能力を作り出す

さて、関係性検知能力に優れた人のことを「社会的びくびく人間」と呼ぶ私の見方に対して、さまざまな意見はあるかもしれませんが、私がここで強調したいのは、社会に適応していくための「能力」は一種類ではないのだということです。

たとえば、ここまでの話で多くの読者は他者との間に協力関係を築こうとする高信頼者に対して好感を抱いたかもしれません。

しかし、こうした人たちが能力を発揮するのは集団主義社会を離れ、新しい関係を構築しようとする場合であって、農村のような集団主義社会では、こうした能力はそもそも不要なものだし、かえって邪魔になる可能性さえあります。

メンバーが限定された集団主義社会においては、「泥棒」かもしれない集団外部の人と積極的に協力関係を構築しようとする人はむしろ迷惑な存在であり、仲間うちでの調和が最優先の、自分からは控え目にし、波風を起こさないタイプの人のほうが、むしろ社会にとっても「望ましい人材」であると言えるのかもしれません。

さてそこで問題になってくるのは、もともと人間には生まれつき信頼性検知能力に優れた人と、関係性検知能力に優れた人がいるのだろうか、ということです。

もし、最初から人間に二種類の区別があるというのであれば、たとえば信頼性検知能力に優れた人は集団主義社会から弾き出されてしまうでしょうし、また関係性検知能力に優れた人は集団外部の人と手を組むことができない「落ちこぼれ」になってしまうということになります。

そこで思い出していただきたいのは、第二章で述べた「日本人らしさ」などは存在しないというお話です。

そこで私は「日本人らしさ」と呼ばれるものは日本人の心の中に最初からあるものではなく、日本の社会にうまく適応するために生まれてきた「心の働き」であるという説明をしました。たとえば私たちが欧米人よりも控え目に振る舞うというのも、それは控え目な心の性質がもともと私たちの心の中にあるというよりも、そうやって控え目に行動したほうが日本社会でうまく行くからにすぎないというわけです。

私は人間性や関係性の検知能力といった心の働きを「社会的知性」と呼んでいるのですが、こうした能力はともに人間の中に備わっているのだろうと考えています。

つまり、相手の信頼性を検知したり、あるいは人間関係を見抜いたりする「素質」は誰の中にも備わっているというわけです。

ただ、海沿いに住んでいる人は泳ぎが上手だけれど、砂漠に住んでいる人は泳げないのと同じように、自分の住んでいる環境によって、その「素質」が発揮されるかどうかが決まってくると考えているわけです。

人間の知性は何種類もある！

ところで、「社会的知性」という言葉が示唆しているように、人間の知性はけっして一種類のものではありません。

生きていくうえでのさまざまな問題を解決するために、それに対応した知性、あるいは知能が進化の過程で何種類も作り出されているのではないかという仮説が、この頃では広く支持されるようになっています。

これまで多くの人は、人間の知能は一種類であると信じてきました。こうした考え方を「一般知能説」と言うのですが、この一般知能説が広く信じられてきた最も大きな原因は「知能指数」（IQ）にありました。人間の知能を測る尺度は実は何種類もあるのですが、その中でもIQが突出して有名になったために、知能は一種類であるというイメージが固まってしまったというわけです。

もちろん、この本をお読みの方にしても、知能指数の数字だけで人間の優劣が決まるとは思っておられないでしょう。しかし、IQが高いと聞くと、何となく、その人は学問でもビジネスでも、さらには芸術や創作の分野でも活躍できるのではないかという印象を持ってしまうものです。頭のいい人は何をやらせてもうまくやる、というわけです。

しかし、こうした「一般知能説」というのは実際のところ、近年の心理学などではあまり支持されている考え方とは言えません。人間の知性は一種類ではなく、いくつかの質の異なる知性によって構成されていると見る考え方のほうが優勢なのです。いったい人間の知性が何種類あるのか、その答えはまだはっきりと出たわけではなく、学者によっても数え方はまちまちです。

たとえばハワード・ガードナーという学者は、脳神経に関する知見や進化に関する知見を総合して、人間は七つの独立した知能を持っていると考えています。

その七つの知能とは、言語的知能、論理／数学的知能、音楽的知能、空間的知能、身体運動的知能、そして自分の心を理解する能力としての自省的知能、他人の心を理解する能力としての対人的知能であるというのが、彼の考え方です。

もちろん、彼の見方もまだ仮説の域を出るものではなく、学者によっては人間の知性は一〇〇種類以上にも及ぶとする人もあるほどなのですが、いずれにせよ、たとえば数学的知能にすごく恵まれた人がいたとしても、その人に言語的才能があるとは限らないし、また他人の心を読む力があるとは限らないという見方には、あなたも賛成してくださるのではないでしょうか。

「心の道具箱」仮説

さて、そこで話を戻せば、この本で採り上げてきた信頼性検知能力や、関係性検知能力とは、人間の知能や知性を構成するさまざまな「ツール」の一つであると説明することもできます。

人間は生命進化の長い歴史の中で、さまざまな問題を解決する必要に迫られ、そしてその難問をそれなりに解決してきたから、今日まで生命種として存続できたわけですが、その中でも大きなテーマの一つが、社会の中で他者と協力関係をうまく維持していくにはどうしたらいいかということであったのでしょう。

信頼性検知能力や、関係性検知能力といった「社会的知性」は、そうした必要に応える形で、人間の心の中に作られてきたツールであったというのが私の考え方なのです。そして、人間は自分が置かれた環境に応じて、信頼性の検知能力を発揮したり、あるいは関係性の検知能力を発揮しているのではないかと思われるわけです。

人間の心の中には、生きていくうえで問題を解決するためのたくさんの「ツール」があって、それを環境に応じて、適宜使い分けている——そのことを説明するにあたって、「スイス・アーミー・ナイフ」のたとえを使っているのが、進化心理学者のリーダ・コスミデスと進化人類学者のジョン・トゥービーの二人です。

「ビクトリノックス」の商標でも有名なスイス・アーミー・ナイフには、大小のナイフや缶切り、ワイン・オープナーの他に、ハサミ、ピンセット、栓抜き、ドライバーといった道具がついていて、大きなものになるとノコギリや方位磁石までが揃っています。

これらの道具は一つ一つは専用の工具類に比べれば、作りもサイズも大したことはありません。しかし、旅行やキャンプに行くときに、高価なナイフを持っていってもそれでは缶は開けられませんし、ねじを回すこともできません。やはりスイス・アーミー・ナイフの便利さにはかなわないので、世界中で衰えぬ人気があるというわけです。

コスミデスとトゥービーは、このスイス・アーミー・ナイフ同様、人間の心も特定の用途のために開発された「心のツール」の集合体なのであると述べています。つまり、人間は、その場に最もふさわしい心のモジュールがその都度、心の中で活性化することで、それぞれの課題がいわば自動的に処理されているというわけです。

彼らのスイス・アーミー・ナイフのたとえは、人間の心の仕組みを説明するうえでとても適切なものだと思います。実際、このスイス・アーミー・ナイフの比喩は現在では進化心理学を代表するキャッチフレーズになっているほどなのですが、しかし、私はこのたとえをさらに敷衍《ふえん》して、心とは一つの道具箱のようなものだと説明しているのです。

なぜ、アーミー・ナイフではなく道具箱なのかといえば、一つには心にはスイス・アーミー・ナイフどころではない数のツールがあるということも関係しているのですが、それよりも大きな違いは、道具箱のほうが心の実態により近いと考えるからです。

何かにつけて整理が悪い、私の道具箱にはたくさんの道具がごちゃごちゃと放り込まれています。それらは一見すると乱雑に見えるのですが、実は一つの傾向がありです。しょっちゅう使われる道具は上のほうの、手に取りやすいところにあり、滅多に使わない道具は箱の奥のほうにしまい込まれているというのが、普通の人の道具箱でしょう。

人間の心も実はそれと似たようなものではないかというのが私の考え方です。

つまり、誰の心の道具箱にも、たとえば信頼性の検知能力という道具もあるし、関係性検知能力という道具も入っているのですが、自分が置かれている環境がたとえば集団主義社会であるとするならば、しょっちゅう使われるのは人間関係を検知する心のツールですから、自然とその道具は上のほうに置かれるでしょう。一方、あまり出番のない信頼性検知能力はいつの間にか、道具箱の奥のほうに行ってしまう――そういうことが心の中で起きていると考えるべきだろうと思うのです。

なぜ若者たちは「空気を読む」ようになったのか

さて、この「心の道具箱」仮説にしたがって考えてみれば、今の日本人が信頼社会の到来に際して、新しい環境にうまく適応できていないのは、日本人の「心の道具箱」の再配置がどうも適切に行なわれていないからではないかという解釈が可能です。開放的になった今の日本社会で生活していくうえで、本来、必要なのは関係性検知能力よりも、相手の信頼性を検知する能力であるはずです。しかしながら、今の日本人の多くは心の道具箱の手に取りやすい場所に関係性検知というツールがあるので、ついそちらを使って問題を解決しようとしてしまっているのかもしれません。

もちろん、人間関係の機微を読み取る関係性の検知能力は信頼社会での「サバイバル」には役に立ちません。それはまるで山を登るのにボートのオールを持っていくようなものです。

しかし、とりあえずそのツールを手につかんでしまった以上、それで何とか問題を解決できないかとしてしまうために、ますます問題がこじれているのが今の日本の状況と言えるのかもしれません。

さらに言えば、関係性検知能力というツールしか持たない日本人は、それしか頼る道具がないために、世の中の流れに逆行してでも、以前と同じ安心社会的な行動パターンを維持しようとしているのかもしれません。

先ほども書きましたが、近ごろの若者たちの間では「空気を読む」ことがとても重要なことだとされているそうです。

場の空気を読み、他者との間に波風を立てない生き方は、本来、安心社会の中で評価される生き方であるはずなのに、それが今のようなグローバル化の流れの中で若者たちの価値基準になっているというのは、あきらかに時代に逆行している現象です。

本来ならば、安心社会の崩壊は既得権益を持った大人たちの危機であり、信頼社会の成立は未来ある若者たちにとっての福音であるはずです。それなのに、その若者たちが信頼社会への変化を嫌い、身の回りにある友人関係という小さな安心社会にしがみつき、その中での「平安」を求めているとしたら――これは日本の将来にとっても、また若者たち自身の未来にとってもゆゆしいことと言わざるをえません。

第八章　「臨界質量」が、いじめを解決する

どうすれば「信頼社会の海」に飛び込めるようになるのか

さて、前章で私たちは「信頼性検知能力」は、実際に他者との間で信頼関係を結ぶことによって発達していくということを見てきました。他者の信頼性を的確に判断することは信頼社会に適応するために不可欠な社会的知性であるわけですが、そうした知性はいわば実践の中で育っていくというわけなのです。

ところが困ったことに、どうやら今の日本人の多くは、他者を信じることができないために信頼性検知能力を磨くチャンスをつかむことができず、そのためにますます他者との信頼関係を結べないという悪循環に陥っているように思われます。

では、いったいどうすればこの悪循環を断ち切ることができるのでしょうか——。

今さら本書の読者には言うまでもないことですが、このような課題を「お説教」で

解決しようとすることは下の下策であると言えます。

たしかに、信頼社会という「大海原」の中に勇気を持ってこぎ出せば、そこには大きなチャンスが待っているでしょう。狭い閉鎖社会の中では得られない出会いをつかむことができ、自分の持っている能力をさらに伸ばすことができるはずです。

しかし、そこには成功のチャンスがあると同時に、他人から裏切られて大きな痛手をこうむるリスクも存在します。人々が信頼社会に思い切って飛び込めない理由はまさにそこにあるのに、「他人を信じるべきだ」と講釈を垂れるのでは、あまりに無責任というものでしょう。

では、いったいどうすべきか——そこでまず考えるべきは、お説教という形で人々の背中を無理矢理押すのではなく、人々が相手との信頼関係を安心して構築できるような環境を作るということにある、というのが筆者の考えです。

すなわち、それは信頼社会に飛び込むにあたってのリスクを減らすということに他なりません。

前章の「囚人のジレンマ」のところでも触れたように、人が他人と協力しあえるかどうかは、相手が協力行動を取ってくれるかどうかを確信できるかにかかっています。たとえ、こちらに相手と協力関係を結びたいという気があっても、心のどこかに「相手は私を裏切るのではないか」「私は騙されるのではないか」と思ってしまうと、やはり協力するのは止めたほうがいいのではないかと考えてしまうわけです。こちらがいくら協力的に行動しても、相手がそれに応えてくれなかったら、ただのお人好しになってしまうからです。

こうして考えてみると、日本人が信頼社会の原理の中に入っていけないのは、その人自身の心構えというよりも、裏切られるリスクの大きさにこそ問題があると見ることができるわけです。

「社会的ジレンマ」とは何か

実は「他の人たちは協力しないのではないか」と考えて、物事がうまく行かなくなるのは今の日本社会に限った話ではありません。こうした問題を総称して筆者は「社会的ジレンマ」と呼んでいます。

社会的ジレンマとは、みんなが協力しあえば全員がトクをする状況が生まれるのに、他人を信じられないために、みなが結局、非協力行動をしてしまうので、全員が損をする状況が生まれることを指します。前にご紹介した「囚人のジレンマ」も、社会的ジレンマの一種です。

社会的ジレンマの分かりやすい例としては、駅前の放置自転車の問題があります。駐輪場ではない場所に通勤・通学客の自転車がたくさん放置されていたら、交通渋滞の原因になり、自分を含めたみんなの迷惑になるのは誰もが分かっている話です。ところが、理屈では分かっているのにみんな駅前に自転車をついつい駐めてしまうのは、「どうせ自分一人がルールを守ったところで他の人は守らないのでは意味がない」と思ってしまうからです。

社会的ジレンマはこのような身の回りの問題だけにとどまるわけではありません。たとえば環境問題にしても、地球上のすべての人々や国家が協力しあって二酸化炭素の量を減らしたりすることで解決できるのは分かっているのですが、「どうせ私だけがやったところで」とみんなが考えてしまうので、リサイクルにしても温暖化ガスの削減にしても徹底した対策がなかなか行なわれないという現状があります。

本書の冒頭で紹介した中国の「大釜の飯」も、社会的ジレンマに該当します。この場合は、みんなで協力しあって働けば、社会全体の経済の効率がよくなるのは分かっているのですが、「私一人が働いたところで、他の人が働かないのではしょうがない」と誰もが思ってしまうというわけです。

実はこうした社会的ジレンマを解決する、最も確実な方法は社会全体を安心社会にしてしまうことです。

つまり、こうした問題を個々人の行動や意識の改革によって解決しようとするのではなく、社会そのものが人々の行動を監視して、「抜け駆け」を許さないようにする。そうすれば、「私一人が……」と考えることもなくなって、みんなが協力行動を行なえるので社会的ジレンマがうまく解決できるというわけです。

たとえば、農村社会でみんなが田植えや稲刈りを共同して行なっていけるというのは、まさにそのおかげです。こうした共同作業がうまく行かない最大の原因は「私が協力しても、他の人はやってくれないのではないか」という疑いの心が起きることにあるわけですが、農村のような閉鎖社会では、非協力的な人にはかならず制裁が下されるのでそうした疑心暗鬼はなくなるというわけです。

しかし、だからといって、今の日本をまた安心社会に戻すというのでは元《もと》の木阿弥《もくあみ》になってしまうのは言うまでもありません。

モラル教育は利己主義者の楽園を作る

では、いったいどうすれば「どうせ私だけがやっても」と思うような状況が解消され、社会的ジレンマが解決できるようになるのか——そこで多くの人が考えるのが道徳教育です。つまり、幼い頃から「利他の心」をしっかり教え込み、社会に奉仕する精神を身につけさせることで、抜け駆けをする人をなくそうというわけです。

もし、それが可能ならば、たしかに「他人を信じられない」という気持ちは解消されて、人々は協力しあえることでしょう。

こうした教育によるアプローチは昔から行なわれてきたのですが、道徳教育によって社会的ジレンマを解決しようというやり方は根本的な欠陥を抱えています。

すでに述べたように、中国など社会主義国家のように個々人の利益追求を否定した社会では、徹底的なイデオロギー教育をしてもその成果は上がらないのは当然のことだったわけですが、かりにそうしたイデオロギー教育が成功して利他的な人間を作り出すことができたとしても、それには大きな「副作用」が潜んでいるのです。

というのは、こうした教育の効果は人によってムラがあるからです。

つまり、ある人はこうした教育を素直に受け止めて、本心から「他人と協力するのは正しいことだ」と考え、それを実践するかもしれません。しかし、ある人は教育の効果が薄いために、利他的なモラルを身につけずに終わってしまうかもしれません。

このような教育のムラが生まれたときに、損をするのは真面目に教育を受け止めた人たちであることは言うまでもありません。

利他的な精神を身につけた人たちは社会に対して、つねに協力的であろうと心がけますが、そういう人たちがいればいるほど、利己的な人たちは「ただ乗り」の恩恵をより多く受けることができることになります。

利他的な教育を受け、その精神がたたき込まれていればいるほど、他者を疑ったり、裏切ったりすることはできないのですから、利己主義者たちは「お人好し」たちをいいように利用しつくすことが可能です。つまり、「徹底したモラル教育は利己主義者たちの楽園を作る」という皮肉な結果をもたらしてしまいかねないのです。

実際、こうしたことは歴史の中で何度も起きていることです。

たとえば日本でも前の戦争では「愛国教育」がさかんに行なわれましたが、それが結局、愛国者のふりをした一部の利己主義者たちが権力を握ったり、あるいは不正な利益を得る社会を産むだけの結果に終わったのは今さら読者に説明するまでもないでしょう。

「アメとムチ」方式が生み出す巨大コスト

このようにモラル教育には一定の限界があって、「教育のやり過ぎ」はむしろ弊害をもたらしかねません。ではいったい信頼社会において、人々が不安なく協力行動を行なえるようにするには他にどのような方法があるでしょうか。

そこで誰もが思いつくのは、いわゆる「アメとムチ」による監視・統制です。すなわち、人々の行動を監視して、協力行動をする人たちにはご褒美を与えたり、あるいは逆に非協力な態度をしている人たちには罰を与える――このような制度を作ることによって、人々に「非協力よりも協力行動をしたほうがトクだよ」と思わせるようにしようというわけです。

本書の中で何度も強調してきたように、人間の心の働きは、自分が置かれた環境に適応する形で変わってきます。

この考え方に立てば、利己的な人たちがいるのは、利己的に行動することが協力的に行動するよりもメリットがある社会に暮らしているからだと説明できます。だとしたら、そのような社会の環境を「アメとムチ」という社会制度を導入することによって変えてしまい、協力行動のほうがメリットがあるようにすれば、利己主義者たちも「改心」するはずだという仮説がたしかに成り立つわけです。

しかし、この「アメとムチ」というやり方にも、やはり大きな欠点があるのです。というのも、この方法が本当に成果を上げるかどうかは、どれだけ徹底的にこのやり方が実行できるかにかかってくるからです。

つまり、協力行動をした人たちがもれなく「アメ」をもらえ、非協力行動をした人たちがかならず「ムチ」を与えられるのであれば、安心社会と同じ状況が生まれるのですから、この方法はうまく行くでしょう。しかし、そこに少しでも隙がありそうだと見れば、監視の目をくぐり抜けて「ずる」をしたほうがいいと考える人がかならず現われます。

それを防ぐためにはまず人々をきちんと監視するための仕組みを社会に作り上げなければなりませんし、また非協力者を見つけられても彼らに対する制裁がちゃんと行なわれなければ、やはり「アメとムチ」の制度は意味を持ちません。

たとえば駅前の違法駐輪の例で考えていけば、これを「アメとムチ」だけで解決するには、二四時間三六五日、監視員をつねに付けて、違法駐輪の自転車があればただちに全部撤去していくのが最善の手段ということになります。

しかし、そこまで手間とカネを掛けるほどのことだろうかという疑問が当然のことながら浮かんでくることでしょう。

つまり「アメとムチ」方式によって、たとえ社会的ジレンマを解決することができたとしても、それで得られる利益よりも監視や統制にかかるコストのほうがずっと大きいという事態は充分に起こりえるというわけで、そんなコストをかけて「過剰統制」をするくらいならば、社会的ジレンマをそのまま放置しておいたほうがずっとマシだという判断だってありえるわけなのです。

果てしなき「イタチごっこ」

ちなみに、この「アメとムチ」のやり方の問題は、コストの増加によって過剰統制が起こりうるという危険性だけにとどまりません。

もし、情報テクノロジーが今後どんどん進歩して、人々を監視するためのコストがどんどん下がっていったとします。ほんの小さなチップを身につけるだけで、人々の行動を完璧にモニターでき、しかもそれが大したコストを必要とせずに実現できる時代がやってきたとしましょう。そのような「夢の未来」では社会的ジレンマは完璧に解消できているでしょうか？

その答えは残念ながら「ノー」です。

というのも、そうした監視と統制のシステムがかりに構築できたとします。さて、それを維持するためのコストを負担するのは誰でしょうか？　社会全体の問題を解決するための費用なのですから、そのコストは当然、社会のメンバー全員ということでなければならないことになります。

さて、そこで問題になってくるのは、本当にそのコストを全員が払ってくれるかということです。

たとえば、そのコストを税金という形で徴収することにしたとします。たいていの人たちは、協力的に税を払ってくれるでしょうが、かならず一部には非協力的な人がいて、税金を払わずに済ませようとするに違いありません。一人ぐらい税金を払わなくても、「アメとムチ」のシステムはちゃんと動くわけですから、払わないで済ませようと考えるのが合理的な判断というわけです。したがって、税金を滞納したり、あるいは脱税しようとする人が現われることは避けられないというわけで、つまりは新しい社会的ジレンマ状況が生まれてしまうことになります。

こうやってみていくと、「アメとムチ」方式のやり方とは社会的ジレンマ問題を先送りにしているだけのことにすぎないとも言えるわけです。

しかし、それは考えてみれば当たり前の話ではありません。

たとえ「アメとムチ」方式で強権をふるって利己主義者の行動を抑制したとしても、それは結局、限定的なことでしかありません。このような利己主義者たちはチャンスさえあれば、非協力行動を選ぼうと考えるわけで、いくら統制や監視をしたところで、しょせんはイタチごっこでしかないのです。

多くの人間は「みんなが」主義者である

社会的ジレンマの状況を解決し、人々が協力しあえるようにするにはどうしたらいいか――その方策をここまで考えてきましたが、教育によるモラルの向上にも、「アメとムチ」方式にも大きな欠陥があることが分かりました。

いったい、なぜこうした方法では社会的ジレンマが解決できないのでしょうか。

その最大の原因は、これらのやり方が世の中には「協力的な人」と「非協力的な人」の二種類しかいないということを暗黙の前提にしていることにあります。

たとえば教育によって社会的ジレンマを解決しようとするアプローチとは利己主義者を利他主義者に変えようとするものですし、また「アメとムチ」方式においては非協力的な人を罰することで協力的に変えようとしています。

しかし、はたして世の中には二種類の人間しかいないのでしょうか？ 言い換えるならば、「協力的な人」でない人はみんな「非協力的な人」であるということになってしまうのでしょうか？

もちろん、そんなことはありません。

たいていの人は自分が置かれた状況を見回して、他の人たちの動向をよく見てから自分の態度を決めようと考える、一種の「日和見主義者《ひよりみしゅぎしゃ》」であるのです。

たとえば、ゴミ一つない美しい庭園を散歩しているときに、自分が食べたお菓子の包み紙をポイ捨てするのは気が引けるものです。しかし、至るところでゴミを散らかしている海水浴客がいる夏の海岸でも、あなたは同じように感じるでしょうか？

つまり、公共の場でゴミを捨てないという「協力行動」を行なうかどうかは、他人がどの程度協力しているかによって変わるというわけです。人間は多くの人が一致協力しているときには、自分も協力行動をしようと思うものだし、少なからぬ人が非協力だったら自分自身も協力しなくていいやと考えたりするものなのです。

もちろん、世の中には他の人がどうであろうと、どんなに逆風が吹いていようとも自分はかならず協力行動をするという「清貧主義者」もいるでしょう。また、それとは逆にたとえ世の中のほとんどの人が協力行動をしていても、つねに非協力行動を選ぶ、筋金入りの利己主義者もいます。

しかし、たいていの人たちはそこまで徹底していません。多くの人たちは他の人のようすを横目で見ながら「みんながやっているなら自分もやろう」と思っているのです。信念がないと言ってしまえばそれまでですが、それが人間というものであって、たいていの人たちは「みんなが協力してくれるのであれば自分だけが馬鹿を見ることはないだろう」と考えて行動しているわけなのです。

こうした心の働きは、日本人のみならず、どの国、どの文化圏の人たちにももちろんあるもので、私はそれを「みんながやるなら自分もやる」主義、略して「みんなが」主義と呼んだりしているのです。

「赤信号、みんなで渡れば怖くない」

さて、世の中の人間の多くは、一部の清貧主義者、一部の徹底した利己主義者を除き、「みんなが」主義者がほとんどであるのですが、実は、この「みんなが」主義者たちにしても、実は全員が同じように行動するわけではありません。

ほんの一割、二割の人たちが協力行動をしていたら、自分も協力しようと考える、清貧主義者に近い人もいるでしょう。また、世の中の人のほとんどが協力行動をするまでは自分も協力行動をしないという、利己主義者に近い考えの人もいるはずです。

つまり、同じ「みんなが」主義者であっても、人によって協力か非協力かのボーダーラインは異なるというわけですが、こうしたさまざまな種類の人たちが集まっている集団では、協力者の割合がある一定の水準を超えると、ほとんどの人が雪崩《なだれ》を打ったように協力行動を取る、あるいはそれとは逆に、非協力者の割合が一定水準を超えるとほとんどの人が非協力行動に走るという現象が起きます。

昔、「赤信号、みんなで渡れば怖くない」というギャグがありましたが、渋谷や新宿の大きな交差点で歩行者が信号待ちをしているときに、わずか一人か二人が信号を無視して渡っても、他の人たちまでもが信号無視をして横断歩道を渡ることはまずないはずです。

しかし、信号無視する人が五人になり、一〇人になり、信号無視する人の比率が「ある一線」を超えてしまうと、ほとんどの人が我も我もと信号を無視して横断歩道を渡ってしまうようになる——これに類した現象はみなさんもきっと思い当たることがいくつもあるでしょう。

このように社会的ジレンマの多くは、他の人たちがどの程度、協力行動を取っているか、非協力行動を選んだかによって、がらりと結果が変わってくるのです。そして、その潮目となる比率のことを、心理学では「臨界質量」と呼びます。

臨界質量、あるいは臨界量という言葉は元来、物理学で使われる単語です。ウランやプルトニウムといった物体はある一定の質量を超えると、核分裂反応が連鎖的に起きる状態になります。この一定の質量のことを臨界質量というわけですが、それと同様の現象が社会的ジレンマにおいても起きるというわけなのです。

いじめ問題を解くカギは「臨界質量」にあり

さて、そこでここでは社会的ジレンマと臨界質量を考えるうえでのモデル・ケースとして、学校における「いじめ」がどのようにして起きるか、そのメカニズムを解明してみることにしましょう。

本書の冒頭でも少し触れましたが、いじめ問題を「現代青少年の心の荒廃」という文脈で解決しようとするのは、まったくの見当違いであるというのが私の考えです。そもそも今の教育論議において、「いじめ」について一〇〇%否定的な見方がまかり通っていますが、筆者はそれについて異議を持っています。

なぜ、いつの時代、どこの社会でも子どもたちの集団の中では、かならずといっていいほど「いじめ」的現象が起きるのでしょうか。

前にも書きましたが、その理由を突き詰めて考えていくならば、それは子どもが自律的に集団内部に秩序を作ろうとするからだということになります。

というのは、子どもたちが先生や親などの手を借りずに、自分たちだけで社会を作り出そうとする。そのときに、必然的に起きるのが「いじめ」行動であるというわけです。

つまり、集団内部の秩序を乱したり、あるいは利己的に行動する仲間がいれば、その子どもの行動を制約し、それでも言うことを聞かなければ、仲間はずれといった「制裁」を加える——こうした経験を通じて、子どもたちが集団生活のルールを覚えていくという側面もあるのです。

もちろん、子どもである以上、そうした秩序作りがつねに適正に、民主的に行なわれるとはかぎりません。それこそ今問題になっているような理不尽ないじめ、度を超したいじめが起きる余地はつねにあります。

しかし、そうした「よくないいじめ」の発生を恐れるあまり、子どもたちの自治行動そのものを禁止するということは、はたして正しい選択と言えるでしょうか？

私はそう思えません。なぜならば、子どもたちが自分たちの集団を自分で管理しないのであれば、あとは親や教師といった大人たちが教室を一元管理するしかなくなってしまいます。それはいわば教室内を「ミニ警察国家」にすることであり、子どもたちが自発的に考え、試行錯誤の中で社会の決まりを知っていく機会を奪うことに他なりません。そのような教育が本当の教育と言えるでしょうか？

なぜ「問題学級」は生まれるのか

さて、こうしたことを踏まえたとき、ではいったい、「いじめ」対策をどう考えるべきなのでしょうか。

それは子どもたちにまず第一に「正しいいじめ」と「正しくないいじめ」の区別をつけさせることです。すなわち、集団内部の問題をみなで解決するときに非協力行動をしているのはよくないから、注意をする。それでも言うことを聞かなければ、適切な制裁をするのもしかたがない。しかし、それはあくまでも合理的な理由でなければならず、恣意《しい》的な理由、理不尽な理由でのいじめは許されるべきではない――こうしたメッセージをきちんと大人が教えることにあるのではないかと思うのです。

そして、もし、「正しくないいじめ」が行なわれているのであれば、それは止めるべきであるし、場合によってはそのようないじめをしている仲間には制裁を加えるべきだということも、きちんと大人が教える。これもまた重要なことと言えます。

ところが今の日本の学校では、こうしたことがきちんと行なわれていないために、それこそ臨界質量を突破して、いじめ行動がエスカレートしてしまっているという現実があるのです。

そもそも、なぜいじめがエスカレートしてしまうのか――そのカギとなるのが「傍観者」の数であるということを実証的な研究で明かしたのが、京大霊長類研究所の正高信男氏でした（『いじめを許す心理』岩波書店）。

第一章でも記しましたが、同氏は、いじめがしばしば報告されている中学校の三三クラスで、いじめに対して傍観者的態度を取る子どもがどの程度いるかを調べてみました。すると、傍観者の数が少ないクラスと、多いクラスの二種類にはっきり分かれていること、そして傍観者の数が少ないクラスではいじめの問題は起きていないけれども、傍観者の数が多いクラスではいじめが問題化しているという事実を突き止めました。

このことは、そのクラスの中で「いじめ」が起きるか、起きないかについては傍観者の比率がカギになっていることを示しているわけですが、そこで重要なのは、傍観者が少ないクラスと多いクラスとにはっきりと分かれているという事実です。

いったい、このことが示すのは何でしょうか。

それを解くカギが、先ほど紹介した「臨界質量」なのです。

つまり、いじめが起きる教室では、傍観者の数が臨界質量に達してしまったためにクラスの多数が傍観者側に回ってしまったということであり、いじめが起きていないクラスでは逆に、いじめを止める子どもの数が臨界質量に達したので、多くがいじめを抑制する側に回っているのではないかというわけなのです。

「いじめ」のメカニズムを数値化する

さて、そこでそもそも「臨界質量」とは何なのかを、教室内でのいじめの例を通じて説明していくことにしましょう。

ここに一二人の集団がいると考えてください。このうちの一人がいじめっ子で、一人の子がいじめられっ子であるとします。

この集団の中で、いじめが本当に行なわれるかどうかは、残り一〇人の動向が決定します。つまり、この一〇人の大多数が、いじめを止める行動を行なったとしたら、さすがのいじめっ子も行動を差し控えるでしょう。しかし、一〇人の多くの人たちが、いじめに対して傍観者を決め込んでいたならば、いじめっ子はますます増長してしまうに違いありません。

さて、問題はいったい何人の人がいじめを止める側に回れば「潮目」が変わるのか、ということです。

この一〇人のほとんどは「ほかの人たちがいじめを止めるなら自分もいじめを止めよう」と内心考えています。中には「たとえ仲間のみんなが止めなくても私だけは止めてみせる」と考える正義漢もいますが、たいていの人たちは「いじめっ子を批判して、自分までがいじめの標的になるのはイヤだ」と思っていて、「他に仲間がいるのであれば、いじめを止めたい」と考えているわけです。

まさに、これは「みんなが」原理そのものなのですが、そこで、この一〇人それぞれの、言うなれば「みんなが」主義度をまとめてみたのが、215ページのグラフ上段(a)です。

このグラフは、「自分以外にX人の仲間がいれば、自分もいじめを止める側に回る」という人がそれぞれ何人いるかを示したものです。たとえば、横軸五人のところの棒グラフの高さは三となっていますが、これは「五人の人がすでにいじめを止める行動に出ているのであれば、自分も仲間に加わる」と考えている人が三人いるということを示しています。同様に、二人の仲間がいれば自分も仲間に加わるという人は一人、三人の仲間がいれば参加するのが二人、九人の仲間がいれば参加する人が一人いるわけです。

なお、このグラフの横軸〇人のところで棒グラフの高さが一になっていますが、これは「たとえ仲間がいなくても、自分は止めに回る」という勇気のある生徒が一人だけいることを示しています。

一方、横軸一〇人のところの棒グラフの高さが二になっているのは、「一〇人の仲間がいたら、自分も仲間になる」という人が二人いるということです。もちろん、グループの人数は自分を入れても一〇人しかいないのですから、要するにこの人たちはどんなことがあっても「我、関せず」の、筋金入りの利己主義者であるというわけです。

「いじめグラフ」の読み方

さて、このように一〇人の「みんなが」主義度が分かったところで、今度はそのデータを左から順番に累積したのが左ページ下段（b）の棒グラフです。この棒グラフは、いじめを止めさせる人間がX人いたとき、それに協力する側に回る人は総勢で何人になるかということを示しています。

たとえば横軸の三人のところを見てみましょう。

このときの高さは四になっていますが、これは止める側に回っている人が三人揃えば、結果的に仲間は四人になるということを意味しています。その内訳は、仲間が〇人でも自分はいじめを止めさせるという人が一人、そして二人の仲間がいれば止めさせるというのが一人、そして三人の仲間がいれば止めさせるという人が二人いるので、その合計四人が仲間に加わることが見込めるからです。

さて、こうして実際には三人の仲間が四人になったわけですが、仲間が四人になったことで、他の人が参加してくれるでしょうか？

そこで、その隣の横軸四人のところを見てみましょう。すると、これも高さは変わらず四人のまま。上のグラフを見てみると、「四人の仲間がいたら自分も参加する」という人が一人もいないのですから、これは増えなくてもしかたがありません。

では、そこで今度は、さっきから仲間に入りたそうにしている一人を、無理矢理リクルートしてきます。この人は「他に五人の仲間がいれば参加する」と考えている人なのですが、今はまだ四人しか仲間がいないので躊躇していたわけです。

さて、この人が加わって五人になったとすると、その結果、仲間は全部で七人になります。さっき強引に加えた一人の他に、二人の人が「他に五人の仲間がいれば参加する」と考えていたので、こういう結果になったというわけです。

このようにたった一人の仲間を加えると、ほかに二人の仲間が一緒についてくるというのが、頻度依存行動の面白いところなのです。

なぜ「雪だるま」式に増えていくのか

さて、この棒グラフをさらに精密に作ったものが左ページの線グラフです。

図3　いじめのメカニズムを数値化する

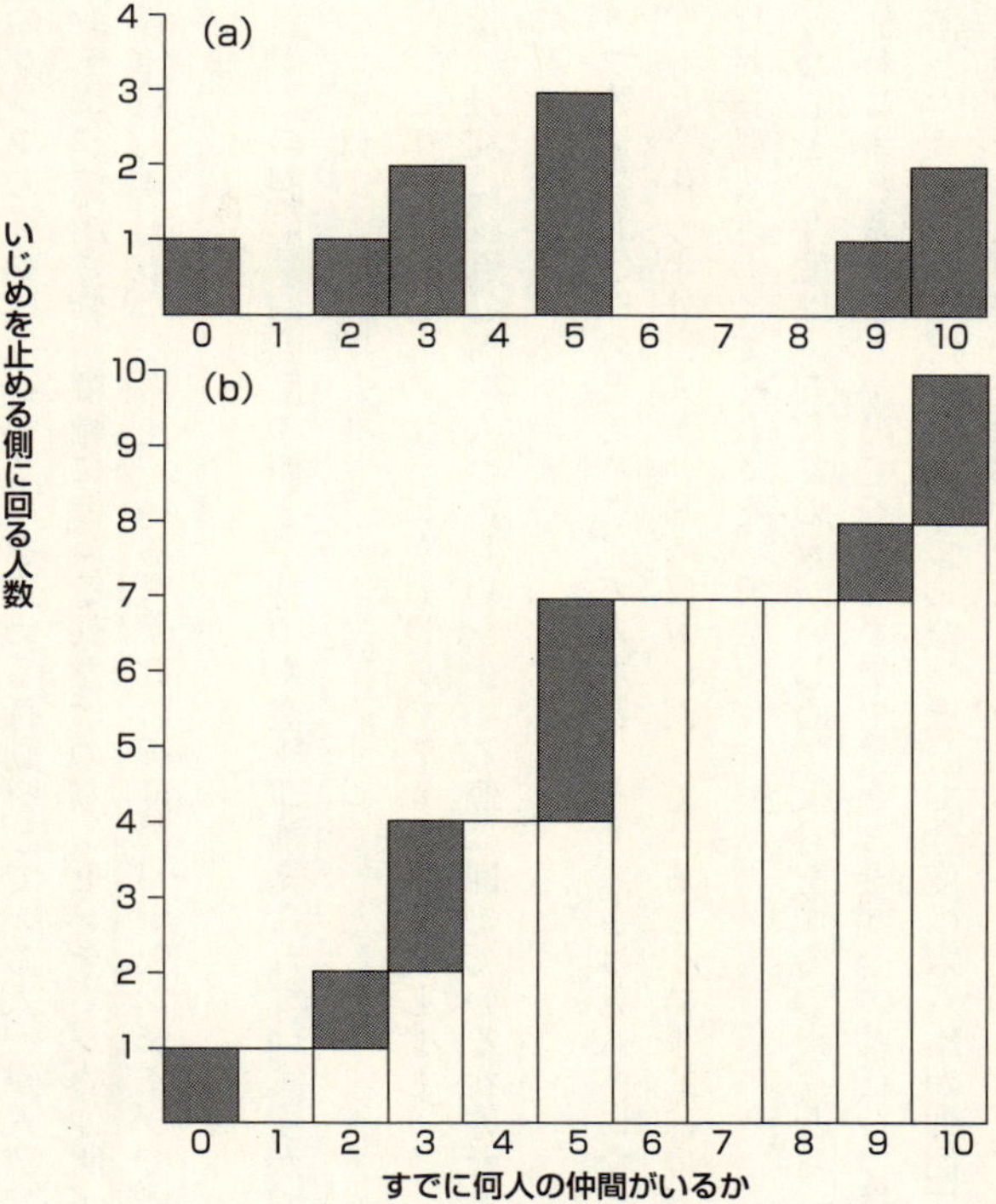

人間の「みんなが」主義度は人によって違う。仲間がまったくいなくても、いじめを止める側に参加する人もいれば、5人の仲間がいないといじめを止める側に回りたくないと考える人もいる。

このグラフの横軸には「いじめを止める行動をしている人」が人数ではなくて、パーセンテージで示され、縦軸には「それだけのパーセンテージの仲間がいるならば、自分も仲間入りする」と考えている人がどの程度のパーセンテージでいるのかが示されています。

なお、この図には四五度の傾きを持った直線が加えられていますが、この直線の意味についてはあとで説明します。

さて、このグラフをどのように見ればいいのかをご説明しましょう。

では、最初に、五〇％の人がいじめを止める側に回っている状態だと何が起きるかを見てみましょう。

グラフの横軸五〇％のところを見てみると、その高さは五八％になっています。つまり、もし全体の半分の人がいじめ反対に回っていると、結果的には五八％の人がいじめ反対運動に加わってくれるということです。

そうなると、今度は「五八％の人がいじめに反対をするのだったら、自分も反対運動に加わる」と考える人が出てくるはずです。そこで、その人たちの総数を見てみると、何と六八％がそうだと分かりました。そして今度は六八％が仲間になったことで、さらに参加する人が増えて総勢七七％になっていきます。

図4　臨界質量で社会現象を考える

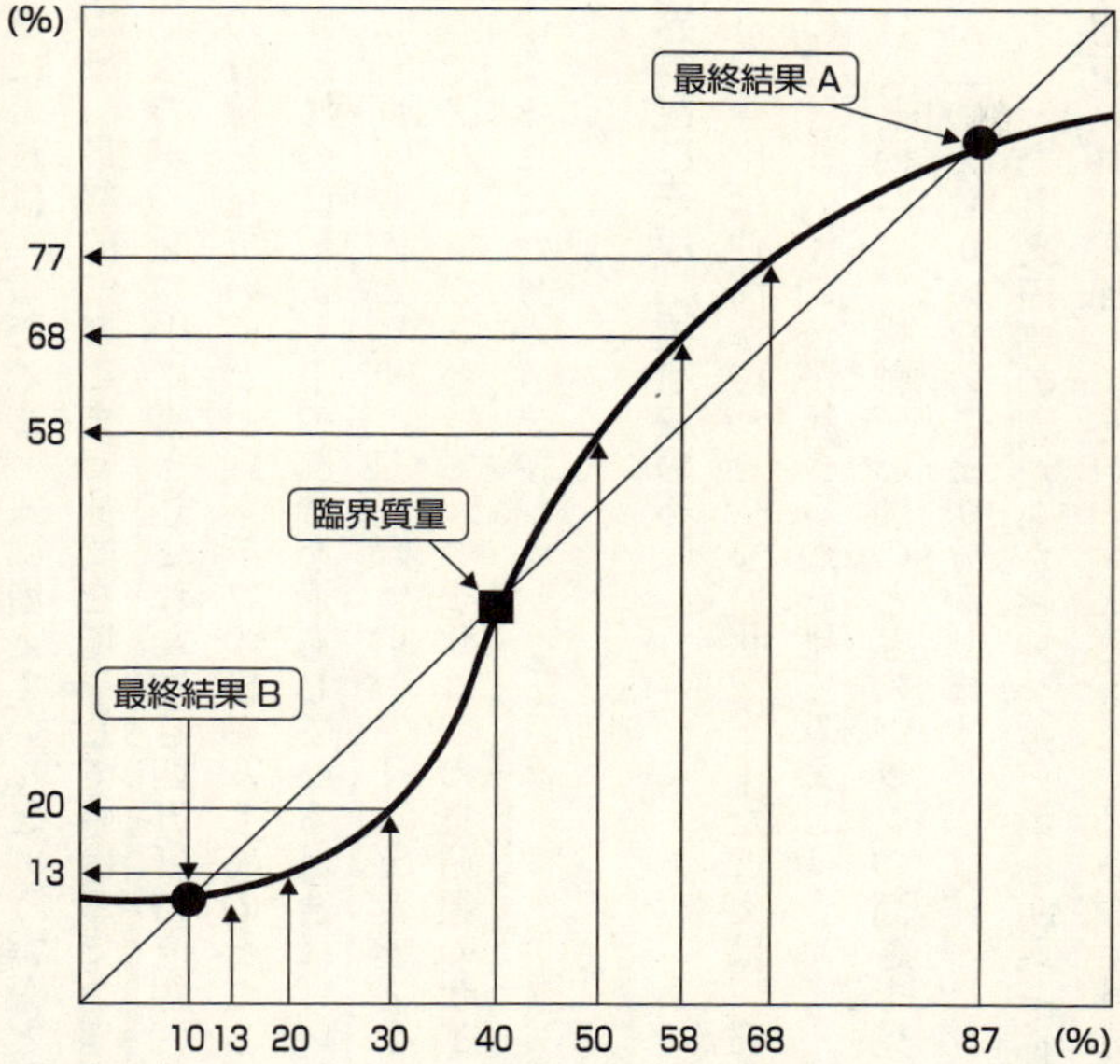

上は臨界質量 40% の場合のグラフ。いじめを止める側の人間が 40% よりも多ければ、その数は雪だるま式に増えて、最終結果 A (87%) に落ち着く。しかし、40% よりも少なければ、仲間はどんどん脱落し、ついには 10% の最終結果Bになってしまう。

まさにこれは「雪だるま」式に増えていくという言葉どおりの展開であるわけですが、では、最終的にどこまで仲間を増やしていけるでしょうか。そこでポイントになってくるのが、図の中に書き込まれた傾き四五度の直線です。

この直線を見ていくと、線グラフの横軸八七％のところで交差するのが分かります。グラフがこの直線より上の部分を通過している場合は、いじめ反対に回っている人がさらに仲間を呼ぶという「良循環」のパターンが起きるわけですが、それは八七％のところで終わりになるわけで、つまりはこの良循環のサイクルは八七％のところで頭打ちになることが分かります。

臨界質量こそが結果を決める

では、今度は仲間がもっと少ない状況——たとえば、三〇％の仲間しかいなかったときに、どういうことが起きるかを見てみましょう。

先ほどと同じく、横軸三〇％のときのグラフの高さを見てみると、それは三〇％を下回る二〇％しかいないことが分かります。

つまり、たとえ三割の人たちを無理矢理に引っ張って仲間にしたところで、「三割の仲間がいれば参加してもいい」と考えている人はわずか二割しかいないということですから、これではあっという間に三割のいじめ反対者が二割に減ってしまいます。そうなると、ますますじり貧傾向が起きてくるのは言うまでもありません。二割の仲間がいたときに、自分も参加してもいいという人は実際には一三％しかいないので、またまた仲間がごっそり抜けて、一三％まで落ち込んでしまいます。すると、今度は「一三％では参加したくない」と考える人が現われるので、ますます減っていくというわけです。

結局、こうしたじり貧傾向はグラフと直線が交わる点、つまり一〇％の人たちがいじめ反対運動に協力してくれる状態になるまでは安定しないというわけです。

このように見ていくと、同じ集団であっても、最初に何人の人がいじめ反対運動に協力してくれるかのパーセンテージによって、最終結果が正反対になっていくことが分かります。

最初に五〇％を動員できるならば、最終結果は八七％という「協力行動の安定状態」が出現します。一方、最初に三〇％しか動員できなければ最終結果は一〇％となって、「非協力行動の安定状態」に達してしまいます。まさにスタート地点の違いが、まったく違う結果をもたらすわけです。

では、いったい、この「潮目」はどこにあるのか——それがまさに最初に説明した

「臨界質量」に当たるのですが、それはこの場合、グラフが直線と交差する三番目の点、すなわち横軸四〇%の地点に当たります。

つまり、このグラフの分布パターンであるならば、仲間が四〇%を少しでも超えていれば、最終結果は八七%になり、逆に四〇%を少しでも割っていたならば最終結果は一〇%になるというわけなのです。

「いじめの広がり」を作り出すメカニズムは、ここにあった

さて、この臨界質量が分かれば、先ほどの正高氏の研究で、いじめが起きている教室とそうでない教室とでは傍観者の比率がまったく異なっていたという理由もよく分かるはずです。

今現在、いじめの問題が起きていないクラスがあったとすると、私たちはつい「そのクラスはみんなが「いい子」だからだろう」と考えがちです。逆にまた、クラス全体が荒れていて、いじめが問題化している学級に対しては「「悪い子」ばかりが集まっているのだ」という見方をしてしまいます。

しかし、実際にはどちらのクラスも内実はさほど変わるものではないというのが、正高氏の考え方です。たいていの子どもはいじめはよくないとは思っているけれど、

自分一人でもいじめを止めるほどの勇気があるかといえばそうではない――どこのクラスでも、そういう子どもたちが大多数を占めているのです。

ところが、同じような編成のクラスであっても、「悪いいじめ行動」が起きたときにそれをとがめる人がどれだけいたかどうかで、その後の展開は大きく変わっていきます。つまり、臨界質量を超えるだけのクラスメートが、そうしたことを見とがめる行為に加われば、それはあっという間にクラス全体に広がり、傍観者はほとんどいなくなります。

こうなると、いかに乱暴ないじめっ子であろうとも、いじめ行動は差し控えるようになるはずです。もし、いじめを続けようとしても、直接行動を止められたり、あるいは親や先生に報告されることになるので、いじめを続けることにメリットがなくなってしまうからです。

一方、たとえいじめを止める人がいたとしても、それが臨界質量に達するだけの数ではなかったとしたらどうなるでしょう。最初は抗議の声をあげていた子どもたちも、仲間が少なくては自分までもいじめの対象になるのではと恐れて、どんどん傍観者になってしまうでしょう。

いや、それどころか、いじめをするほうに回ったほうがメリットが大きいとさえ考える子もきっと少なくはないでしょう。こうなれば、ますますいじめはエスカレートするばかりになってしまうというわけです。

最近、いじめを苦に自殺する子どもが少なくありませんが、そのように彼らが自殺を選んでしまうのは、「クラス全体が傍観者になってしまう」ということと関係があるのかもしれません。一部の級友からいじめられるだけならば、まだ我慢もできるかもしれませんが、しかし、クラス全体がそのいじめを黙認しているような状況になれば、その子どもが「自分には逃げ場がない」と感じてしまうのは無理もないという気もするのです。

「みんなが」主義がドミノ倒し現象を起こす

さて、こうした臨界質量に基づく現象は、私たちに二つのことを教えてくれています。

その第一は社会的ジレンマを解決し、人々の間に協力関係を作り出すには、最初から全員に働きかける必要はないということです。

世の中の多くの人たちは他人の動きを見てから自分がどう行動するかを決める「みんなが」主義者なのですから、協力行動を選ぶ人が臨界質量をほんのわずかでも超えてくれていれば、あとはまるでドミノ倒しのように、「我も、我も」と協力行動をする人が出てくるので社会的ジレンマは解決の方向に向かいます。

もちろん、その場合でも一部の利己主義者たちは協力行動を選ばずに、ただ乗りを決め込むでしょう。しかし、そういう人たちがいても全体の協力構造は崩れないのですから、全体としてはジレンマは解決したということになります。

しかし、このことは裏を返せば、初期状態が臨界質量に達していなかったとしたら、雪崩を打ったように非協力行動を選ぶ人が増えてしまい、その場合、社会的ジレンマの解決が望めないということでもあります。

いったん「非協力行動の安定状態」に達してしまうと、これを協力行動の安定状態にまで転換するのはなかなか大変なことです。

先ほどのいじめの例でいえば、いじめ反対運動に加わる人が四〇％未満だと、最終的にいじめ反対に回る人は一〇％にしかならないことが分かっています。この状況を変えて、クラス全体がいじめ反対に回るようにするには、反対運動に加わってくれる人を最低でも四〇％以上に増やさないといけないという結論になるわけです。

一〇％を四〇％にするというと、それほど不可能ではないように見えるかもしれません。しかし、たとえば先生が子どもたちを説得して、いじめ反対運動をする子どもの比率を二〇ポイント回復して、三〇%にしたとします。しかし、三〇%では臨界質量の手前なので、あっという間にまた元どおりの一〇%に戻ってしまい、それでは元《もと》の木阿弥《もくあみ》です。

結局、いったん非協力で安定状態になってしまうと、一気に臨界質量以上の状況を作るしかないというわけですが、それはとてもコストを必要とすることなのです。

こうやって考えてみると、やはり社会的ジレンマを解決するには、いかにして初期の段階で臨界質量以上に持っていけるかがポイントであるということになるわけです。

そこで大事になってくるのは「アメとムチ」を適切に使うということです。

つまり、協力行動を選ぼうかどうしようか迷っている人たちには「アメ」を与えることで背中を押し、また非協力行動をしようとしている人たちには「ムチ」を与えることで非協力行動に回らないように釘を刺す。こうやって、協力行動の臨界質量を確保しようというわけです。

「アメとムチ」も使いよう

こうやって書くと、読者の中には「結局、「アメとムチ」を使うのではないか」と考える人もいるでしょう。しかし、最初から「アメとムチ」によって行動をコントロールしようとするのと、臨界質量を超すために「アメとムチ」を活用するのとでは、その意味がまったく違ってくるのです。

そのことを理解していただくために、やはりここでも「いじめ問題」の解決を例に挙げて考えてみましょう。

いじめを「アメとムチ」のやり方だけで解決しようとすれば、それには大変なコストが要ります。

まず、子どもたちがいじめをやっていないかを絶えず監視するためのテレビカメラを教室のみならず、学校のありとあらゆるところに仕掛けたりしなくてはなりません。

また、子どもたちには「いじめを見つけたら先生に密告するように」と言いますが、もちろんそれだけでは密告してくる子どもはいないでしょうから、密告した生徒には特別に成績を水増しするとか、授業料を免除するという「アメ」の制度を作る必要があるかもしれません。

このように「アメとムチ」だけでいじめを徹底的に撲滅しようとするならば、途方もないコストが必要になってくるわけですが、なぜこのようにコストがかかるかといえば、それは生徒個人個人の行動を直接、学校側がコントロールして、いじめをさせないようにしようとするからです。

これに対して、「みんなが」原理の場合は生徒一人一人の行動を個別にコントロールして、彼らにいじめをさせないようにするわけではありません。あくまでも、一人一人の生徒が「みんながいじめを止めるから自分も仲間に加わろう」と自発的に行動するように仕向けるわけです。したがって、そこには過剰な統制も監視も必要ありません。

ただ、そこで自然状態に任せていたのでは、臨界質量に達しないときに、みんなが非協力行動を選んで、いじめを助長することになるかもしれません。

そこで「アメとムチ」の出番になるわけですが、しかし、それは個々人の行動を変えようとするものではありません。ここが違うのです。

なぜ熱血先生が必要なのか

そのことをもう少しだけ具体的に見てみましょう。

先ほども見たように、いじめ問題が深刻化するかどうかの分かれ目は、いじめを目撃したときに止めようと考える生徒がどれだけいるかということが関わってきます。

しかし、それはクラス全体が最初からいじめを止めさせようとする必要はなく、臨界質量を超える程度の生徒がいじめ反対に回れば、雪崩を打ったようにみんなも反対に回るわけです。

さて、このとき、かりに臨界質量がクラス全体の四〇%であったとして、初期状態でいじめを止める側に回る子が全体の三〇%しかいなかったとします。

臨界質量を下回っているわけですから、このまま放っておけば、いじめを放任する傍観者ばかりのクラスができてしまうことになるわけですが、もし、ここでクラス担任の先生が熱血タイプの人で、「先生の目の黒いうちは絶対にいじめは許さない！」と普段から公言し、生徒たちにも「もしも、いじめを目撃したら先生にどんどん言ってくれ」と語っていたとします。

もちろん、今どきの子どものことですから、こういう熱血先生がいたとしても、素直に先生を信じたりする子は滅多にいないでしょう。それに先生にいじめを「告げ口」したら、かえって自分までがいじめの対象になってしまうかもしれないという心配もあります。

すなわち、熱血先生がいくら口を酸っぱくして「いじめ」追放を宣言しても、先生の願いどおりに行動してくれる「勇気のある子ども（愛他主義者）」は誕生しない可能性が大というわけです。

しかし、この先生がいることで、子どもたちの気持ちが多少変わるのは事実でしょう。

たとえばこれまでは「全体の過半数の仲間がいじめ反対に回らなければ、仕返しが怖くて自分は参加できない」と考えていた子どもが、「先生があんなに言うのだったら、三分の一くらいの仲間が集まった時点で参加しても大丈夫かもしれない」と考えてくれるかもしれません。

このように、熱血先生の存在は子どもたちの「みんなが」主義度を少しだけ変化させていくことになり、これまでは四〇%が臨界質量だったのが、もっと下がっていくはずです。こうなれば、以前よりもずっと容易に協力状態が達成できるのは言うまでもないでしょう。

ちなみに、ここでは紙幅《しふく》の関係で詳しくは説明しませんが、こうして臨界質量が下がっていくと、ついには臨界質量そのものがなくなって、つねに協力状態が出現するという幸福な状況さえありえるようになるのです。

臨界質量と信頼社会

さて、ここまで社会的ジレンマを解決するにはどのように考え、どのように対処していくべきかを見てきたわけですが、それらを日本の置かれている現状に適用して考えるとすればどうなるでしょうか。

繰り返しになりますが、今の日本では安心社会の枠組みが崩壊しつつあります。そこで本来ならば、他者との協力関係を構築していく信頼社会へ移行しなくてはいけないのですが、それがなかなかうまく行っていない。

そこに日本社会が抱えている悩みがあるわけですが、その最大の理由は何かといえば、他人を信用できないところにある。相手が自分に対して約束を守ってくれないのではないかという「不信」があるので、自分自身も相手に対して手を差し出せない。そのために他者との信頼関係が作れないというわけでした。

では、いったいこのジレンマをどのように解決すればいいか――そこで出てくる手がかりが、人々がおたがいに信頼できるような「臨界質量」を達成するということにあります。

すでに述べてきたように、おたがいが信頼しあえる環境を作りたいからといって、モラル教育を徹底して「約束を守ろう」とか「正直であろう」という利他の心を人々に教え込むことの効果には限界があります。かりにそうした道徳教育が成功し、無垢《むく》な心を作ることができたとしたら、そんな人たちの善意につけ込む悪い人たちをかえって増やすことにもつながるからです。

かといって、約束を守らない人たち、人を裏切るような人たちが現われないかをつねに監視し、違反者を制裁するという「アメとムチ」の方法もまた限界があります。そもそもこのような監視・制裁のメカニズムを実効あるものにするためには、社会全体が相当のコストを負担する用意がなくてはならないのですが、はたしてそのコストをみんなが気持ちよく負担してくれるかという問題がかならず派生してくるからです。

教育にせよ、「アメとムチ」にせよ、こうした方法がうまく行かないのには理由があります。というのも、これらのやり方は結局、「悪人をゼロにする」という、現実性のない目標を設定しているからに他ならないからです。

教育によって悪い心の持ち主をなくそうとか、監視機関によって悪人の出現を抑制しようというのは、そもそも実際に達成できる見込みのない目標です。だからこそ、こうした非現実的な方策に頼って社会的ジレンマを解決しようとすると、さまざまな「副作用」が起きてくるのだということもできるでしょう。

「正直者がトクをする」社会に

これに対して、臨界質量という観点から、信頼社会を実現していくにはどうしたらいいか――そこで重要になってくるのは、人々に「正直であること」「約束を守ること」を強制するのではなく、正直な人、約束を守る人たちが少しでもトクをする社会を作っていくということです。

そもそも世の中は「約束を絶対に守らない利己主義者」や「約束ならば何でも守る清貧主義者」の二種類の人間だけでできているわけではありません。

多くの人はできることならば、おたがいに協力しあって、ともに利益を得る関係を構築したいと思っています。しかしその一方で、相手が本当に協力してくれるのかが分からない状況では、やむをえず非協力行動を選ぶしかないとも考えている――これが多くの人のホンネです。

この人たちにお説教や罰を与えて無理矢理に協力活動をさせたところで、その状況は長続きしませんし、社会全体としても大きなコストがかかってしまいます。それよりも、もっと効果的なことは、約束を守ったほうがトクをする社会、正直者でいるほうがトクをする社会を作ることです。

そのような社会作りをしていけば、「それならば私も正直者でいよう」と考える人の割合は増えていくはずです。他人を裏切るよりも、他人と協力関係を結んだほうが儲かる社会を作っていけば、信用を大事にする人たちの割合は増えていくはずなのです。

そうやって、「正直者がトクをする社会」を作っていけば、他者との間に協力関係を結ぶ人たちの数は増えていくでしょう。そして、その数が一定の比率、すなわち臨界質量を突破したら——あとは何の努力も要りません。「我も我も」と他の人たちも、他者との協力関係を結びはじめるようになり、そこに信頼社会のネットワークが生まれてくるはずだからです。

では、いったいどのようにすれば「正直者がトクをする社会」が作れるのでしょうか。

そのことを次章で考えていきましょう。

第九章　信頼社会の作り方

「機会コスト」とは何か

前章では、人々がおたがいに信頼しあえるようにするためには、まず「正直者がトクをする社会」を作る必要があるということを見てきました。

モラル教育や制裁をいくら熱心に行ない、人々が協力しあうように強制したところでその効果には限界もあるし、またそれにともなう副作用も見過ごすことはできません。結局のところ、嘘をついたり、あるいは他人を裏切ったりするような人たちがトクをする世の中であれば、誰も正直になろうとは思わないし、また、他人と協力関係を結ぼうとも考えないというものです。

では、いったい、どうすれば「正直者がトクをする社会」が作れるでしょうか。

そのことを考えるうえで、大きなヒントを与えてくれるのがヨーロッパ中世、地中海貿易の覇権を競い合っていたマグレブ商人とジェノア商人の逸話です。そこで、この二つの商人グループに関する物語を簡単に紹介していくことにしましょう。

* * *

貿易をはじめとする、遠隔地とのビジネスを行なううえで、人類が長年にわたって頭を悩ませてきたのが「エージェント問題」と呼ばれるものでした。

エージェントとは日本語に直せば「代理人」。つまり遠隔地などでの取引を行なうに当たっては、自分の代理となって働いてくれる人間が必要になってくるのですが、このエージェントが自分の利益のためにちゃんと動いてくれる保証はありません。まじめに代理を務めてくれているように見せかけながら、実は利益を途中で吸い上げていたとか、あるいは相手側と裏で手を結んでいるということもありえます。

こうした危険を防ぐために洋の東西を問わず、古来から利用されてきたのが「安心社会」を作ることによる解決法でした。

すなわち、狭い農村の中では泥棒をする人が現われないように、またマフィアややくざが身内をとことん信じるように、商売でも仲間だけで固めていけば裏切りが発生する危険性はぐっと減ります。

しかし、こうした関係は両刃の剣でもあります。

なぜならば、身内どうしのビジネスだけを行なうことによってリスクは減るかもしれませんが、それは未知の人たちとの取引を広げていくチャンスをみすみす失うことにもつながるからです。

経済学ではこうした状況を表わす言葉として「機会コスト」という用語を用いています。

すなわち、身内だけでの商売を続けることは、新規開拓というチャンスをドブに捨てているようなものであり、そのチャンスを「コスト」として気づかないうちに払っているのだというわけで、「機会コスト」という言葉を用いるのです。

しかし、安心社会に暮らす人々がこうした機会コストを支払いつづけるのには、ちゃんとした合理的な理由があるのです。

というのは、機会コストがもったいないからといって、つまり、新しいチャンスを見過ごすのは損だからといって、未知の相手と仕事をすれば、そこには裏切られるリスクがつねにともないます。相手から騙されて、倒産したりすることだって充分ありえる話です。そんなリスクを考えれば、機会コストをずっと払いつづけていても大したことはないという考えも成り立つというわけです。

つまり、機会コストとは「嘘つきに騙されないための保険料」でもあるのだというわけです。

でも、これに対して、信頼社会に暮らす人たちはきっとこう反論するでしょう。「たしかに安心社会によってリスクは回避できるかもしれません。しかし、失敗するリスクを恐れて、目の前のチャンスを逃すのは将来への可能性を捨てることにならないでしょうか」

なるほど、この言い分もたしかにもっともです。

では、いったい機会コストを払ってでもリスクを回避するか、それともリスク覚悟でチャンスをつかむのがいいのか――この難問に対してまったく対極的な対応をしたのが、ここで採り上げるマグレブ商人とジェノア商人だというわけです。

地中海貿易をめぐる戦い

古代ローマ帝国が滅びたあと、ヨーロッパ中世の地中海貿易で活躍した商人の中に、二つの対照的なグループがありました。一つは北アフリカを拠点にしていたユダヤ系イスラム教徒のマグレブ人であり、もう一つはイタリア半島のジェノア人たちの二つのグループでした。

イスラム教徒のマグレブ商人は代理人問題を解決するために、安心社会的なアプローチを用いていました。

つまり、身内とよそ者とを徹底的に区別し、身内しか信じないというやり方を採用していたわけです。といっても、単純に身内をひいきにしたわけではありません。そこには一度でも裏切ったことのある人間とは二度と付き合わないという鉄の掟もあり、それが厳密に守られていたといいます。

一方のジェノア商人のほうはマグレブ商人のような集団主義とは対極的な形で貿易を行なっていました。つまり、身内やよそ者という区別で代理人を選ぶのではなく、その時々で必要な代理人を立てるというやり方にしたわけです。

こうしたジェノア商人のやり方は、もちろんマグレブ商人に比べればコスト高にもなるし、リスクも高くなります。

長期の付き合いを前提にしたマグレブ流のやり方であれば、代理人に払う手数料も少なくて済みますし、また踏み倒しなどのトラブルが発生する可能性もジェノア流よりもずっと少ないのは当然です。

一方のジェノア流の個人主義ならば、代理人が裏切らないようにコミッションを高くしなければなりませんし、コミッションを高くしたところでトラブルが起きない保証はありません。そして実際にトラブルが起きれば、これを解決するには法廷で争うしか方法がないので、ジェノア人は裁判所を整備せざるをえなかったのですが、もちろんこれもまたコストを押し上げる要因になってしまいます。

こうして見ていけば、マグレブ流のやり方のほうが安心で確実のように見え、ジェノアのやり方はいかにも効率が悪いように見えます。

ところが、現実の歴史を見ていくと、マグレブ商人は地中海貿易から姿を消し、ジェノア商人たちのほうが発展していき、ついには地中海貿易の覇権をジェノアは手に入れたのでした。

なぜジェノア商人は勝てたのか

それにしても、いったいなぜマグレブ商人は消えたのでしょうか。

その理由は機会コストの増大にあったと見るのが妥当でしょう。

たしかに強固に身内同士で結束することによって、取引コストそのものは確実に安くなります。

相手の裏切りによって発生する損は減るわけですし、またいつも同じ取引相手ならば、相手の信用調査などをする必要もないのでその分のコスト（取引コスト）は不要になります。そういう意味では集団主義社会は、とても経済的であるとも言えるのです。

しかし周囲の環境が激変したり、流動的になったりすると、従来の取引関係にこだわっていると機会コストがどんどん発生することになります。

たとえば相場が極端に変動するような商品を扱っていたりする状況だと、儲けるためにはタイミングを失わないことが大事になってくるのは言うまでもありません。そのようなときに身内との取引にこだわっていたら、儲かるチャンスもみすみす見逃してしまうことになりかねません。そんなときには、多少のリスクがあっても身内以外の相手と取引をしたほうが、チャンスをつかむこともできるというものです。

ところがマグレブ商人たちは、あくまでも身内との取引にこだわってしまったので、時代の波に乗り遅れてしまったというわけです。

一方のジェノア商人のやり方は、たしかに高い取引コストを発生させはしますが、それを上回る形でチャンスをつかんで利益を拡大する可能性があるので、長い目で見れば、マグレブ商人よりも発展できたというわけです。

安心社会はたしかに人々に安心を与え、生活の安定を保証してくれます。だからこそ人類は安心社会を作ることで、厳しい生存環境の中、生き延びてきたと言えるでしょう。しかしながら、この安心社会が提供する安心や安全とは「未来への可能性」を犠牲にすることで成り立っているのもまた事実です。

その意味では、マグレブの商人たちがジェノア商人たちに圧倒されてしまい、歴史の表舞台から姿を消してしまったのは、マグレブ商人自身が「未来への可能性」を捨ててしまったからだとも言えるわけなのです。

「ジェノアは正直者を守る」と思われたのはなぜか

さて、前置きが長くなってしまいましたが、すでに本書の読者はよくご存じのとおり、安心社会から信頼社会への転換はけっして簡単なものではありません。単に安心社会の枠組みを解体してしまえば、自動的に信頼社会が生まれるわけではない。だからこそ、今の日本社会にはさまざまな問題が起きているわけですが、では、いったいどのようにしてジェノアの商人たちは信頼社会を作り出したのでしょうか。

結論を先に書いてしまえば、ジェノア商人たちに繁栄をもたらしたのは「制度」の力でした。

繰り返しになりますが、安心社会では誰かが裏切り行動をしたら、そのような人物はただちに社会全体から制裁を受けることになります。マグレブ商人の世界においては、それは「追放」という厳しい形で行なわれました。

すでに述べたように、このような安心社会下では取引において、相手を信じていいかどうかを悩む必要はありません。裏切りが起これば、ただちに、そして間違いなく制裁が行なわれるのが安心社会の特性なのですから、まず騙されることはありえません。したがって、相手が身内であれば、それだけで「信頼しても大丈夫」と考えていいわけなのです。

しかし、信頼社会にはそうしたメカニズムがありません。そのために、人々は他人を信じていいものかと迷ってしまい、信頼関係を結ぶことがむずかしくなってしまいます。

この不安を解消するために、ジェノアの商人が出した答えは「制度」を作ることでした。

すでに書いたことですが、ジェノアの人々は商取引で何か問題が起きたときに、それを公正に解決するための場として裁判所を作りました。

つまり、安心社会のように社会そのものが自動的に裏切り者に処罰を与えることができない以上、自分たちで公正さを守るシステムを作るしかない――それが法体系や裁判所の整備ということにつながったというわけです。

当たり前すぎるほど当たり前のことですが、正直にやっている人たちが損をする社会では、誰も正直にやろうとは考えません。商取引において、嘘をついたり、裏切ったりする人がまんまと儲けるような社会では、誰も真面目な商人になろうとは思わないでしょう。

しかし、そこで口先だけで「正直にしなくてはいけない」というお説教をしているだけでは、単なる空念仏《からねんぶつ》に終わってしまいます。ジェノアの成功とは「ジェノアは正直な人間を守る」ということを、裁判所を作ったりして具体的に示したことで、それを見た他の人々がジェノア商人と手を組みたいと考えるようになり、その結果、ジェノアの商圏が拡大したことにあった——私は、マグレブとジェノアの物語をそのように解釈しているのです。

なぜ中国には信頼社会が生まれなかったのか

信頼社会の構築においては社会制度の充実、ことに法制度の整備がカギになる——このことは何もジェノアだけに限った話ではありません。

歴史を振り返ったとき、信頼社会を実際に作り出したのは、アメリカを含む西欧文化圏だけであるという事実はおそらく読者も賛成してくれることでしょう。そもそも近代以来、欧米諸国が地球上で圧倒的な影響力を持てたというのも、彼らが潜在的パワーに満ちた信頼社会を作り出せたところに勝因があったといっても過言ではありません。

では、なぜ西欧社会は信頼社会を作り出せ、他の文化圏、たとえば中国やイスラム社会では信頼社会を作り出せなかったのでしょうか。

その答えが法制度です。

もちろん、中国にも古代から法はあったわけですが、たとえば同じ古代帝国であってもローマと中国では法のあり方が違いました。筆者は法律の専門家ではありませんから詳述は避けますが、中国における法とは、皇帝が人民を統治するツールにすぎなかったと言われます。つまり、帝国内部の治安を守るための「刑法」あるいは「行政法」こそが、中国における法のすべてであったというわけです。

ところが、これに対して、ローマ法とは統治のための法律体系だけにとどまらなかったところに、その特徴があります。すなわち、ローマの法律とは皇帝のため、元老院のためにあったわけではなく、ローマの人々が安心して商取引をするためのルールをも示していたというわけです。つまり今の言葉で言うならば、古代ローマには「民法」があったのです。

しかも、この「民法」（正式には「万民法」と言う）の対象は市民権を持ったローマ人だけではなかった。ローマ帝国内に住む外国人までもが保護の対象にされたので、ローマの中ではもし、商取引でトラブルが起きても、それを訴訟に持ち込むことができたと言います。これによって、ローマでは安心して商取引が行なわれるようになったというわけです。

もちろん、古代ローマはいったん滅びてしまうわけですが、こうした「万民法」の伝統があったからこそ、近代ヨーロッパでもナポレオン法典に象徴されるように民法が作られるようになった。そして、それが西洋近代に信頼社会が生まれる基盤になったのだろうと思われるわけです。

アメリカに信頼社会が出来たのは一九世紀末だった

実はこうした観察をしているのは筆者だけではありません。一九世紀末から二〇世紀初頭のアメリカ社会を題材に同じような結論を見いだしているのが、リン・ザッカーという学者です。

ザッカーの研究によれば、信頼社会の典型と思われがちなアメリカも、当初は安心社会としてスタートしていたといいます。

考えてみれば、それは当たり前のことで、そもそもアメリカはヨーロッパ各地からの移民によって作られた、いわば寄り合い所帯の国です。社会そのものも伝統が浅いわけですから、当初はイタリア移民ならイタリア移民、ユダヤ人ならユダヤ人といった具合に、同じ出身地、同じ宗教を持った人たちが助け合うことからアメリカ社会が始まったというのは、当然の成り行きと言えるでしょう。つまり、初期のアメリカは人種のモザイクならぬ、安心社会のモザイクによって出来ていた国家だったというわけなのでしょう。

ところが、こうした「安心の保証」のメカニズムも、移民の大量移入、さらには急速な工業化などの社会変動によって、一九世紀後半あたりから失われていきます。

つまり、今の日本と似たような状況が起きていたというわけなのですが、ちょうどこの時期にアメリカでは公平で効率的な社会制度の整備が急速に進んだのが、アメリカにとって幸いしたとザッカーは指摘しています。

細かな話はここでは省略しますが、アメリカ人が誇りにする「フェアな社会」の基本は実はこの時期に作られたものであって、そしてこのときに作られた諸制度こそが、のちのアメリカの繁栄をもたらすものだったのだとザッカーは言います。これは傾聴に値するものだと言えるでしょう。

この本で何度も繰り返し強調してきたとおり、人間の行動は「心がけ」をいくら説かれても変わるものではありません。いくら正しいことであっても、そうすることによって自分が損をするかもしれないと思えば、誰でも行動を躊躇するものです。

信頼社会において人間が他人を信頼し、手を組もうと考えるのも、相手を信じても馬鹿を見ることがない、損をすることがないという前提がなくては始まりません。そしてその前提を維持する最大の力となるのは、やはり法制度なのではないかと筆者は考えます。

法制度がちゃんと機能していることで、他人とビジネスをしても裏切られることがない。また、万が一、裏切られたとしても、法が正直者を守ってくれる——言うなれば法が社会に代わって「安心」を提供してくれることで、人々は他人と一緒に仕事ができるようになるというわけなのです。

評判の力が信頼社会を作る?

さて、こうした法による保護があるおかげで、人々は「自分も正直者になってもいいかな」と考えるようになるわけですが、もちろん法律を作るだけで「正直者がトクをする社会」が成り立つというほど、世の中は簡単ではありません。

あくまでも法とは、不正直者を罰し、正直者を助けるためのものであり、何かトラブルがあったときの「セーフティネット」でしかありません。もっと積極的に、正直者であることがトクをすることにつながるような仕組みは作れないものでしょうか。

そこで私が最近着目しているのは「評判の力」です。

閉鎖的な集団主義社会の中で、人々が協力行動を取るのは社会の中に相互監視と制裁のネットワークがあるからだという話は、本書の読者には今さら述べるまでもないことでしょう。農村の人々が田植えや稲刈りの手伝いをするのは、そういった協力行動を取らないと悪い評判が立って、下手をすると村八分のような目に遭いかねないからでした。

先ほどのマグレブ商人たちの話においても、それは同じです。彼らは代理人を選ぶ際に、自分たちの「身内」だけしか雇いませんでしたが、もしその代理人が約束を守らず、裏切った場合には二度と雇われることがないよう、集団の内部に悪評を広げて対処したのでした。

つまり、集団主義社会において評判、なかんずく悪評は人々に「安心」を保証するための重要な機能になっているというわけです。

一時的な利益のために非協力行動をしたりすれば、その情報は悪評となって集団内に共有されることになり、それは自分自身に長期的な損害をもたらすことになります。

つまり、悪評を立てられること自体が一種の制裁になっているので、集団主義社会の中では人々は正直に行動したほうがトクだと考えるようになるのです。

なぜ人はネット社会に不信感を持つのか

さて、こうした評判の効果は従来、集団主義社会の中でのみ有効で、開かれた信頼社会では限定的な効力しか持たないだろうと考えられてきました。

というのも、農村のような閉鎖社会ならばともかく、大都会のような社会においては、たとえ、ある取引で非協力行動をしたとしても、その評判がほかの人に伝わるとはかぎりません。いや、それどころか、職業的詐欺師のように、ある場所で悪事をしても、まったく別の場所に行き、別の名前を名乗ってしまえば、悪評などは最初からちっとも怖くはないのですから、評判の効果などゼロに等しいと言うこともできます。

インターネットに対して、多くの人々が警戒感や不信感を抱いているのも、結局はそれと同じ事情です。つまり、「2ちゃんねる」に象徴されるネット社会では匿名性が保証されているわけなので、そこで活動している人たちは周囲の評判を気にすることなく、いくらでも非協力行動をするだろうと思われているので、信頼がないわけです。

たしかに、「2ちゃんねる」のような掲示板では、根も葉もない噂や中傷などが日常茶飯事のように横行しています。こうしたようすを見るかぎりでは、やはりネットとは不信がうずまく仮想社会だという印象を持ってしまうわけですが、その一方でネットオークションなどでは、不正直な取引を行なう人は当初の理論的予想よりもずっと低いことも明らかになっています。

ご存じの方も多いでしょうが、身元確認などの手続きは必要ではあるものの、ネットオークションの参加にあたっては「2ちゃんねる」と同じく、実名を名乗る必要はありません。つまり、匿名の世界であるわけです。

そこでこの匿名性を悪用して、オークション詐欺などの事件もしばしば起きているのは事実です。しかし当初は、そうした悪人たちがいることによってネットオークション自体の信頼がなくなって、オークションそのものが機能しなくなるのではないかと予測する人もいたのですが、実際にはそういうことは起きていないのです。

悪人たちがいても、その一方でネットオークションに参加する人たちはどんどん増えていき、今ではネットオークションはインターネットサービスの中でも、大きな地位を占めているといっても過言ではないでしょう。つまり、ネットオークションに関するかぎり、未知の取引相手であっても、その人物を積極的に信じてみようと考える

「信頼社会」が成立しているというわけなのです。

レモン市場とは何か

では、なぜ、このような事態が起きているのでしょうか——それについて、研究者たちはさまざまな推定をしているのですが、まず第一に言われているのが、インターネットでは評判情報共有のコストがきわめて低いこと、そして、迅速に情報共有が行なわれているということです。つまり、ネットの世界では、それこそ光と同じスピードで世界中に情報を伝達できるので、信頼社会の制裁力の弱さをスピードと量でカバーしているのではないかというのが彼らの考えです。

しかし、これに対して、私は別の可能性を考えています。

それは農村やマグレブ商人のような閉鎖的な社会では「悪評」が制裁的効果を持っていたのに対して、インターネット社会に代表される開放的な信頼社会ではポジティブな情報、すなわち「いい評判」が人々を協力行動へ向かわせているのではないかという仮説です。

こうした考えを私が持つようになったのは、以下のようなネットオークション実験を行なったのがきっかけです。

この実験の目的は、不正直な取引をした人たちに対してオークションのユーザーが評価を加えることで、「レモン市場」になることをどれだけ防げるかということを検証することにありました。

ここでちょっとだけ「レモン市場」ということについて説明することにしましょう。経済学で使われる「レモン市場」とは、果物のレモンの売買をするマーケットのことではなくて、商品の質が一見して分からないために粗雑な商品がはびこるようなマーケットのことを指します。

もともと「レモン」とはアメリカの俗語で、状態の悪い中古車のことを指します。中古車のような商品は、ちょっと見たぐらいでは買い手にはその質が分かりません。かりにその車が事故車であって、車のフレーム（シャーシ）が歪《ゆが》んでいたとしても、素人には気がつくわけもありません。

もちろん良心的な業者ならば、そうした情報をきちんと相手に提示したうえで、公正に取引するでしょうが、そんな業者ばかりではありません。事故車であることを知りつつ、「状態良好」と偽って、客に高く売りつけようとする悪徳ディーラーもきっと出てくるでしょう。

そうなると、客のほうも自衛策を考えざるをえません。つまり、ディーラーの言い値でそのまま買うのではなく、なるべく買い叩いておこうと考えるようになります。なるべく安く買うことで、「レモン」を買わされたときのダメージを減らそうというわけです。

しかし、そうやって疑われた売り手はどう思うでしょうか。かりに最初は真正直なディーラーであっても、客から信頼してもらえていないと感じてしまっては、真面目に商売をしようとは思わなくなります。どうせ買い叩かれるのであれば、いい商品を適正価格で出すのは無駄というものです。だったら、多少問題のある車（レモン）に高い値段を付けて売ったほうがいいと考えるようになってしまいます。

前に「不信の連鎖」の話をしましたが、まさにこれもその一例といえるでしょう。こうして売り手と買い手がおたがいに信用できなくなると、マーケットには「レモン」な中古車ばかりが出回って、ついには市場そのものが機能しなくなってしまう――これが「市場のレモン化」あるいは「レモン市場」と呼ばれる現象なのです。

なぜネットオークションはレモン化しないのか

ちなみに、このレモン市場という言葉を最初に使ったのは、アメリカの理論経済学者ジョージ・アカロフです。

アカロフは、レモン市場をはじめとする一連の研究でのちにノーベル経済学賞を取ることになるのですが、彼は「市場のレモン化」が起きるのは、買い手と売り手とのあいだに「情報の非対称性」があるためだと指摘しています。

たとえば、中古車だと、その車の来歴を売り手のほうは知っているけれど、買い手のほうは実際に買ってみるまで、その情報が正しいかを確認することができません。つまり、売り手と買い手で同じ情報を持つことができないので、そこに不信の構造が生まれるというわけなのです。

そう考えてみると、まさにネットオークション市場は「市場のレモン化」が起きるための条件を充分に兼ね備えていることになります。

オークションで取引されるのは、小はおもちゃから大はマンションまで、ありとあらゆる商品なのですが、オークションの買い手が商品の本当の質を確認できるのは、その商品を落札して、自分の手元に届いたときで、それまでは確認のしようがありません。

となると、ネットオークションはあっという間に「レモン化」してもよさそうなのですが、すでに述べたように、ネットでのオークションはアメリカでも日本でも盛んに行なわれています。

では、いったい何がネットオークションのレモン化を防いでいるのか――その答えが「評判」にあるのではないかと考えて行なったのが、これからご紹介する実験というわけです。

さて、前置きが長くなりましたが、筆者たちの行なったオークション実験では日本中から一〇〇〇人を超す参加者を集めて、仮想のネットオークション市場に二四時間いつでもどこからでも参加できるようにし、そこで商品の取引をしてもらいました。

参加者はそこで商品の売り買いをするのですが、その取引における不確実性は実際のネットオークションと本質的に変わるものではありません。

すなわち、ここで売られている商品の品質情報はあくまでも売り手の自己申告であり、買い手はそれを実際に入手するまで、その品質情報が正しいかは分かりません。ですから、不正直な売り手はそこで実際よりもいい評価を付けて、高く売りつけようとするはずですし、また売り手を信用できない買い手のほうは、なるべく安い値段で買い叩こうとします。つまり、市場のレモン化が起こりやすいというわけです。

そこで実際にオークション実験を開始してみると、やはりレモン化が起きてしまい、問題のある商品しかオークションに出回らなくなってしまいました。

評価システムでも防げない「悪人」の活動

では、この市場のレモン化を防ぐにはどうしたらいいか――そこで考えられるのは、「評価」の公表です。

すなわち、商品取引が終わったあとに、相互の評価を付けられるようにし、しかもその情報がネット上で公開されるようにする。つまり、おたがいにいい取引ができたか、そうでないかの感想を段階評価で決めてもらうわけです。

このような相互評価システムを導入すると、たしかに市場のレモン化にある程度の歯止めがかかるのは言うまでもないでしょう。本当は品質が悪いことを知りつつ、取引相手を騙した売り手がいた場合、その売り手に対して、買い手は低い評価を付けることになります。そうなれば、悪い売り手であるということが他の人にもばれてしまうので、その売り手と取引しようとする人は当然ながら減ってきます。したがって、売り手のほうもなるべく正直に振る舞おうと考えるというわけです。

しかし、このやり方には一つの欠陥があります。

それは、もし悪い評価がたくさん付けられたとしても、その売り手がまったく別の名前でマーケットに参入することが可能であれば、悪い情報はリセットされてしまうので何の制裁にもならないということです。詐欺師が何度も名前を変えて仕事をするのと同じことが起きるわけです。

したがって、いくら取引評価のシステムを作ったところで、不誠実な取引をする人間を牽制することは不可能ということになってしまいます。実際、この実験でも名前を変えることで再参入が可能になると、たちまちマーケットはレモン化の兆候を示しはじめたのです。

ところが、そこでさまざまに条件を変えて実験を行なってみたところ、興味深いことに気がつきました。

それは人々の関心が、ネガティブな評判からポジティブな評判へとシフトしていくという現象です。

評判の二つの効果とは

オークション実験を始めた当初、参加者たちが気にしていたのはネガティブな評価、つまり悪評でした。

ところが、ネガティブ評価を得た参加者が別名で再参入できるようになると、ネガティブ評価を気にする人は減っていきます。簡単に評判をリセットできるために、ネガティブ評価の有無がその人の信用度を示す尺度にならないからです。

一方、これに対してポジティブな評価が取引に与える効果は最初は大きくないのですが、時間が経つとポジティブ情報の効果が尻上がりに高くなってきます。というのも、ポジティブな評価を増やすには地道に取引実績を上げていく以外に方法はなく、ネガティブ評価のように名前を変えて再参入するような「裏技」は使えないからです。

そのため、オークションの参加者たちは、その人がどれだけネガティブ評価を得ているかよりも、どれだけのポジティブ評価を得ているかに注目するようになったというわけです。

つまり、ネット取引をする場合に、評価システムを利用する目的が、当初は「危ない人」を見つけるためだったのが、「付き合っても大丈夫そうな人」を見つけるために変わったというわけなのです。

この結果から分かったのは、評判には「追い出し」作用と「呼び込み」作用の二つがあるということです。

マグレブ商人は裏切り者を追い出すために評判を利用したわけですが、ネット社会ではいったん追い出されたとしても別名で再度参入することができます。そのため、評判の持つ「追い出し」効果は役に立ちません。

その代わりにネットのような開かれた社会では、評判の持つもう一つの側面、すなわち「呼び込み」効果が発揮されます。

すなわち、悪い評判を流すことで相手を追い払うのではなく、いい評判を積み重ねていくことで自分のところに人が集まってくるようになるということです。

老舗が人々の信頼を集めるのは、長年にわたり正直な取引を続け、客の期待を裏切らなかったからこそその店は「老舗」になれたのだろうとみんなが考えるからです。それが「ブランドの信用」というわけですが、ネット社会ではそうしたブランド化が企業のみならず、個人のレベルでも起きているということが言えるのではないでしょうか。

信頼情報の提供がネット社会を支えるカギ

地球上のどこにいる人とでも取引ができるインターネット社会の成立が、信頼社会の今後にどのような影響を与えていくか——それについては未知の部分がたくさんあるのは事実です。

マイナス部分だけを見れば、たしかに匿名のままでも参加できるインターネット社会では、利己的な人が野放しになってしまうのは事実です。そうした悪意ある人たちの存在は信頼社会の根幹を揺るがしかねないと悲観的に見ることは可能でしょう。

しかし、このオークション実験が示唆しているのは、見知らぬ他人が「泥棒」ではないかと過度に警戒してビクビク生きていくよりも、他人のいい評判に目を向け、そうした評判を確立した人たちと積極的に手を結んでいくほうが、信頼社会を構築するうえで重要なのではないかということです。

しかし、そのような社会は、一部のマーケット至上主義者たちが言うように「レッセ・フェール」（自由放任）を貫けば、自然と実現するというものではないでしょう。なぜならば、「正直者である」という評判をきちんと保証してくれる仕掛けがないかぎり、人々は「いい評判」を積み重ねていこうとは考えないはずだからです。

先ほどのオークション実験では、評価情報の管理は実験者である私たちが行なったわけですが、これからの社会においても、評価情報を管理するサービスをいかに実現していくかがカギになるのではないかと思われます。

いや、そうした試みはすでに世の中のあちこちで始まっているのかもしれません。

たとえば、私がアメリカで中古車を買うときには、知り合いを通じての個人取引をよく利用します。そのほうが安く手に入るからですが、その際に「レモン」をつかまされては困ります。

そこで、かならず専門家にお金を払って検査をしてもらっているのですが、最近ではそれに加えて、中古車の来歴を提供してくれる有料のウェブサイトも利用して、さらに確実を期するようにしています。

しかし、残念ながら日本ではこうしたサービスは存在していません。そのためオークションサイトなどで車の出品は行なわれていても、アメリカほど個人間の取引は発達していないという現状があります。その結果、少々高くなることは承知で大手の中古車ディーラーから買うという選択しか、今の日本の消費者には残されていないという現状があるわけです。

何でも「行政頼み」でいいのか

現代の日本では、耐震強度偽装事件があったり、食品の賞味期限偽装事件など、企業の不祥事が起きるたびに、「問題の根絶」を求めて行政の管理・監視の強化を求める大合唱が、マスコミを中心に起きるわけですが、はたしてそれは本当に賢い選択と言えるでしょうか。

もちろん、消費者を欺いた企業が罰せられるのは当然のことです。

しかし、事件の再発を防ぐため、行政に企業を監視させるというのは本当に正しい選択なのかは疑問です。

なぜならば、事件が起きるたびに、監視対象の業種を増やしていけば、その監視コストは膨大になっていくに違いありません。また、かりにそうやったとしても、ルール違反をやった企業や関係者たちが別名義でマーケットに参加してくるのは避けられないことです。

そう考えていくと、何ごとにおいても「お上《かみ》」の監視や管理を求めるやり方は、相互監視や制裁を基本とする集団主義社会ならば通用する方法であっても、開かれた信頼社会には不適合な方法ではないかと思えてきてなりません。

それよりも私たちが考えるべきなのは、ポジティブ評価を得た人たちがトクをする社会を作るということではないでしょうか。

幸いなことに今やインターネットの発達によって、誰もが簡単に情報にアクセスできる時代になっているのですから、その人がどの程度の「正直者」であるかの情報を収集し、蓄積し、公開するサービスは充分に実用化できるはずです。

もちろん、こうしたサービスが充分に提供されていれば、何も考えずに安心して生きていけるというわけではありません。どのような制度を作り上げたとしても、その制度の盲点をついて抜け駆けをしようと考える利己主義者はいなくなるわけではないでしょう。

しかし、そのような利己主義者たちも、「正直者」たちのほうがもっと大きな利益を手にする世の中になれば、自分たちもまた正直に取引をしていくことのほうがトクだと悟るようになるのではないかと思われるのです。

第十章　武士道精神が日本のモラルを破壊する

「最悪のシナリオ」

さて、ここまでどのようにすれば日本が信頼社会に変われるのかということを見てきたわけですが、読者の中には「すでに日本には西欧社会と変わらぬ法体系もあるわけだし、情報技術や情報インフラに関しても世界でもトップクラスのものを持っている。とすれば、心配せずともいずれは信頼社会が出来てくるのではないか」と考える方もおられるかもしれません。

たしかに、そう考えるのはある意味、当然のことでしょう。実際、たとえば中国やロシアなどに比べれば、日本は信頼社会へ移行するうえでのさまざまな条件はすでに兼ね備えていると筆者も考えています。

では、放っておいても日本は信頼社会になれるのでしょうか。

この点についていえば、筆者は実は悲観的に考えているのです。というのは、日本はたしかにいずれは信頼社会になれるかもしれないが、それだけの時間的余裕が残されているのだろうかと思っているからなのです。言い換えるならば、信頼社会への移行を待ちきれずに、日本の社会は崩壊してしまうのではないか――極論に聞こえるかもしれませんが、筆者はそうした「最悪のシナリオ」が実際にありえるのではないかとさえ考えています。本書を執筆しようと考えたのも、正直なところ、そうした危機感があったからに他なりません。では、いったいなぜ筆者はそうした危機感を持つに至ったのか。そのことを本書の締めくくりにあたって述べていきたいと思います。

ふたたび「安心社会」と「信頼社会」

本書をここまで読み進めて来られた読者は、すでによくお分かりだと思いますが、この地球上には安心社会と信頼社会という二種類の社会が存在します。

おさらいになってしまいますが、メンバー同士の相互監視や制裁といった仕掛けを通じて、人間同士の結びつきの不確実さを解消していこうとするのが安心社会のあり方です。

このような社会に生きる人たちにとって、集団の外にいる人たち、つまり「よそ者」との関係を持つことは歓迎されません。外部の人間は彼らにとっては「他人」であり、「泥棒」同然の存在というわけです。

集団主義社会に暮らす人たちにとっての最優先事項は、集団内部の安定を維持することにあります。すなわち、身内と波風を立てずに生きていくことが何よりも大切だというわけで、集団内部の人間関係をうまく感知する能力も自然に発達していきます。また、こうした社会では他の仲間から排除されないために、なるべく控え目に行動するという行動原理が自然と身についていくことになるでしょう。

これに対して、信頼社会とは社会が提供する「安心」に頼るのではなく、自らの責任で、リスクを覚悟で他者と人間関係を積極的に結んでいこうという人々の集まりです。

このような社会で生きて行くには、他人から裏切られたり騙されたりするリスクはつきものなのですが、そのリスクを計算に入れても、他者と協力関係を結ぶことによって得られるメリットのほうが大きいと考えるのが信頼社会の人々の発想です。

すでに見てきたように、こうした社会に暮らす人たちは基本的に「渡る世間に鬼はない」と見知らぬ人間の信頼性を高く評価する傾向はあるのですが、その一方で「人はみなそれぞれ」という個人主義的な人間観も共有しています。

このように、安心社会と信頼社会とはまったく違う原理で動いている社会であるわけですが、ここでぜひ強調しておきたいことが一つあります。

それは安心社会と信頼社会はそれぞれに完結した社会であって、一方の社会のほうがもう一方に比べて劣っているとか、遅れているということはまったくないということです。安心社会には安心社会の利点があり、信頼社会には信頼社会の利点があって、どちらかだけが正しいということはありえません。

歴史的に見れば、安心社会のほうがずっと長い伝統を持っていて、信頼社会は比較的新しく生まれた社会ではありますが、だからといってこれからは信頼社会が主流で、安心社会がなくなっていくというわけでもないでしょう。なぜならば、戦乱が続いたり、あるいは飢饉《ききん》などが起きるといった不穏な状況になれば、信頼社会よりも安心社会のほうがずっと安定した社会を提供できるという利点があるからです。

人類のモラルには二種類がある

さて、おそらくこれからも人類社会は安心社会と信頼社会の二本立てで進んでいくのではないかと予測できるわけですが、こうした二種類の社会がそれぞれに独立した

「モラルの体系」を作り出していることを初めて指摘した人がアメリカ系カナダ人の学者ジェイン・ジェイコブズでした。

彼女は都市論や経済学など、さまざまな分野で優れた著作を何冊も遺して、二〇〇六年に亡くなったのですが、その彼女が書いた本に『市場の倫理　統治の倫理』（香西泰・訳、日経ビジネス人文庫）という本があります。

ジェイコブズは古今東西の道徳律を調べていく中で、人類には二種類のモラルの体系があるということを発見しました。それが「市場の倫理」であり、もう一つが「統治の倫理」です。市場の倫理とは分かりやすく言うならば「商人道」、統治の倫理とはすなわち「武士道」だと理解しておけば、まず間違いないでしょう。

まずは、彼女が著書の中で紹介している二つの倫理体系に特徴的な一五カ条を左ページで紹介していますのでご覧下さい。この一五カ条は、彼女が世界中の道徳律を整理した中で生まれたものであるとされています。

商人道と武士道——相反する二つの道徳律

この二種類の倫理を見て、勘のいい読者ならばすぐにお気づきになるでしょう。

そうです。ジェイコブズが言っている「市場の倫理＝商人道」とは、私の言う「信頼社会」において有効なモラルの体系であり、一方の「統治の倫理＝武士道」とは「安心社会」におけるモラルの体系であると言うことができるのです。

市場の倫理＝商人道が教える「他人や外国人とも気やすく協力せよ」という精神はまさに信頼社会の根本原理と言うべきことです。また他者との協力関係を築くためには「正直たれ」「契約尊重」「勤勉なれ」「楽観せよ」という道徳律は必要不可欠です。また、見知らぬ人たちと協力関係のネットワークを拡げていくには、他者との競争を歓迎し、つねに自己変革する勇気を持たなければなりません。そこで要請されてくるのが「競争せよ」「創意工夫の発揮」「新奇・発明を取り入れよ」という教えであるわけです。

一方、統治の倫理＝武士道の一五カ条は、安心社会のあり方を見事に反映した道徳律であると言えるでしょう。

安心社会において、最も重要なのは集団を構成しているメンバーの結束であり、集団内部の秩序を維持するということです。そこからまず出てくるのが「規律遵守」「位階尊重」「忠実たれ」というさまざまなモラルです。また、すでに見てきたように信頼社会では変革こそが善でしたが、集団の維持を最優先にする安心社会では「伝統堅持」こそが善であり、目上の人間の命令は絶対とされます。

【市場の倫理】

暴力を閉め出せ
自発的に合意せよ
正直たれ
他人や外国人とも気やすく協力せよ
競争せよ
契約尊重
創意工夫の発揮
新奇・発明を取り入れよ
効率を高めよ
快適と便利さの向上
目的のために異説を唱えよ
生産的目的に投資せよ
勤勉なれ
節倹たれ
楽観せよ

【統治の倫理】

取引を避けよ
勇敢であれ
規律遵守
伝統堅持
位階尊重
忠実たれ
復讐せよ
目的のためには欺け
余暇を豊かに使え
見栄を張れ
気前よく施せ
排他的であれ
剛毅たれ
運命甘受
名誉を尊べ

『市場の倫理　統治の倫理』（香西泰・訳、日経ビジネス人文庫）よりさらに外部の「敵」から集団を守るためには「勇敢であれ」「剛毅たれ」「排他的であれ」という道徳律がまず必要になってくるでしょうし、またその敵を排除することに躊躇しないようにするには「復讐せよ」という道徳律も大事になってくるでしょう。また自分の属する集団を守るために命を失っても惜しくないと考える（「名誉を尊べ」）ことも求められてきます。

さらに言えば、信頼社会では「正直」であることが褒められることであったわけですが、安心社会ではそうではありません。自分の属している集団を守るためであれば、「目的のためには欺け」とされる社会でもあるのです。

モラルの混用が「救いがたい腐敗」をもたらす理由

さて、ジェイコブズは、人間の倫理には二つの体系があることを鮮やかに示したわけですが、実は彼女の発見の重要なところは、ここから先にあります。

これら二つのモラル体系を紹介したのち、ジェイコブズはこう言います。

えてして人間は、統治の倫理と市場の倫理という二大モラル体系を合体させれば、最高にして最良のモラルができあがると考えてしまうのだが、実はそれこそが大間違いである。それどころか、この二つのモラルを混ぜて使ってしまったとき、「救いがたい腐敗」が始まってしまうのである――と。

ではいったい、なぜ武士道と商人道の二つのモラルを混用してはいけないのでしょうか。

その理由は、この二つのモラル体系が目指す世界はまったく対立するものであって、その二つのモラルを混ぜることは大いなる矛盾と混乱を社会にもたらすばかりでなく、最終的には「何をやってもかまわない」という究極的な堕落を産み出すことになってしまうからだというのです。

このことを具体的な例で考えてみましょう。

たとえば、商人たちの信頼社会においては、正直であることは重要な道徳律ですが、武士道の世界ではけっしてそうではありません。

武士道では正直は重要なモラルではないと言うと、たいていの人は驚かれるかもしれません。

しかし、江戸時代の武家社会で最も重要なモラルの一つは、自分の主君に従い、自分の属している集団（藩や幕府）を守るということにありました。そして、そのためならば、場合によっては「嘘も方便」とされる――すなわち主君のためならば嘘をついても許されるというのが、武士道であるのです。

さて、もし、商人の世界にこうした武士道の「嘘も方便」というモラルが侵入してきたらどのようなことが起きるでしょう。

その答えは言うまでもありません。

口先では「お客様が大事」「正直が一番」と言いながらも、ホンネの部分では、自分たちの組織を守るためには客を騙しても許されると考えたり、儲けのためならば偽物を売りつけても許されると考えたりするならば、そこにはいわゆるダブル・スタンダードが生まれてしまいます。

そして、もし、そのような「二枚舌」を使っていることがお客に分かれば、その店はたちまち信用を失ってしまうことになるでしょう。

商人のように行動する統治者、統治者のように振る舞う商人

これは逆もまたしかりです。集団主義社会の典型とも言える武士の世界においては、自分たちの集団内部の秩序を維持することが何よりも重要になってきます。

そのためにこそ「規律遵守」というルールがあるわけですが、もし、そこに商人の価値観が入ってきたらどうなるでしょう。

商人の世界では、目的を達成するためには部外者と喜んで協力関係を築きますし、

そのためには先例（ルール）を変えてもかまわないと考えます。「魚心あれば、水心あり」という柔軟さがないと商人は勤まりません。

しかし、武士が商人のように考え、行動するようになれば、武士の社会の秩序は崩壊してしまうことになります。武士の世界で「魚心あれば、水心あり」を許してしまえば、「状況によってはルールを勝手に改変してもかまわない」ということにもなり、ひいては汚職の温床にもなりかねません。

このように「市場の倫理」と「統治の倫理」はけっして組み合わせてはいけないものであるわけですが、身分制が厳密にあった時代には、統治者の社会と商人の社会は別のものであったので問題が起きる心配はほとんどありませんでした。

しかし、今日のように身分制がなくなった民主制度の時代においては、統治者と商人の境がなくなってしまいました。このために、この二つの道徳律がしばしば混同されるようになったので、さまざまな問題が起きているのだとジェイコブズは指摘しています。

たとえば政治家が汚職するのも、まさに統治者が商人のように行動するために起きることだし、また企業家が自社の利益を守るために消費者を平気で裏切るのも、商人が統治者のように行動するためであるというわけなのです。

武士道は嘘をつく

こうした分析を踏まえて「現代の我々は、市場の倫理と統治の倫理の違いをよく理解したうえで、どちらを選ぶかを自覚的に決定しなければいけない」とジェイコブズは警告しているのですが、さて、そこで今の日本を振り返ってみるとどうなるでしょうか。

ここ二〇年あまり日本で行なわれてきたさまざまな改革、たとえば規制緩和、市場の開放、情報の公開、法令の遵守――こうした改革が、日本を安心社会から信頼社会へとシフトチェンジしていこうという試みであったことは、今さら読者に説明するまでもありません。

そして、それは同時に、日本人の価値観を統治の倫理から市場の倫理に転換していこうという試みであったと言えます。

「自由にフェアに競争をしていこう」「正直に取引をしよう」「誰とでも協力をしあおう」といった市場の倫理が栄える社会を作り出していかないと、これからのグローバル社会では生き延びていくことができないという危機感がそこにはあったはずです。

もちろん、こうした改革がけっして簡単に進むはずはありません。

そこで現在の日本では、格差社会の出現、あるいは本書でも何度も採り上げた企業による情報隠しの問題など、さまざまな問題が起きてきているわけですが、こうした問題への対処として「武士道の精神」を持ち出す人たちがあまりにも多いのはどうしたことでしょう。

筆者の考えからするならば、またジェイコブズの観察からするならば、信頼社会にとって武士道の精神はまったく相容れないものであるばかりか、逆に有害な結果をもたらしかねない「危険思想」であるといってもけっして過言ではありません。

いや、こうした「救いがたい腐敗」はすでに始まっているのかもしれません。

本書の中で何度も採り上げた「偽装問題」にしても、会社を守るためならば消費者を騙していいと考えること自体が、武士道的なメンタリティであると言ってもけっして過言ではないからです。

それなのにこうした問題が起きるたびに「日本人の精神をたたき直すために、武士道の精神を取り戻す必要がある」というのは、まったく的を外れた議論であるばかりか、かえって社会全体を誤らせる話に他ならないと思うのです。

「無私の精神」からは共存共栄は生まれない

たしかに、武士道は日本が世界に誇ることのできる倫理体系であるのは、新渡戸稲造の『武士道』が欧米で賞賛を集めたことを持ち出すまでもなく、明らかというものでしょう。

しかし、武士道はあくまでも武家という閉鎖社会、安心社会の中で発達してきた倫理です。そこで説かれているのは、主君に対する忠誠や、伝統を墨守するという精神であって、今日の日本が目指している信頼社会のモラルにはとうていなり得るものではありません。

たとえば、武士道が説く「無私の精神」とはたしかに崇高なものであるのは間違いありません。

私たちが江戸時代の武士や維新の志士の生き方に感動するのは、その行動に打算や私心がいっさい見られないからです。国家のため、日本の将来のため、あるいは自らの藩のために命を投げ出し、いささかも自分自身の立身出世を望まなかった侍たちの生き方は、時代や文化の違いを超えて人に感動を与えます。

しかし、こうした「無私の精神」が崇高であるのは、あくまでも閉鎖社会の中だけのことであって、それを信頼社会に持ち込むとおかしなことになるのです。

なぜならば、無私の精神とは結局のところ、利益や打算を超越したところに価値を見いだすということであって、お互いがトクをしていこう、共存共栄していこうとする「市場の倫理」と共存できるものではないからです。

たとえば、志のためにはすべてが犠牲になってもかまわないという「無私の精神」に満ちた企業があったらどうなるでしょう。そんな企業は美談になるどころか、むしろ社会の糾弾の的になるに違いありません。

なぜならば、「大義のためには、すべてを犠牲にしてもよい」という発想に立つならば、従業員の給料を払う必要もないし、取引先企業から適正価格で仕入れる必要もないという話になってくるからです。世の中を救うという崇高な目的を追求するのに、カネをよこせとは何ごとか、というわけです。

ひょっとしたら、読者は「そんな企業などあるわけがない」と笑うかもしれません。

しかし考えてみてください。

実際、戦争になって「統治の倫理」がまかり通る世の中になれば、どこの国でも国民はただ働きをさせられることになるものです。「命をかけて戦場に出るのだから、それに見合った報酬をくれ」と言ったりしたら、日本にかぎらず、どこの国でも非国民扱いされてしまうでしょう――武士道、そして統治の倫理の前には、すべての利潤追求活動は「悪」になってしまうというわけです。

商人は「卑しい人間」か

権力をゆだねられた人間が、その権力を自分の利益のために使えば、その被害を受けるのは一般の人たちです。これは権力者が皇帝であっても、民主的に選ばれたエリートたちであっても、さらには武士であっても、同じことです。だから、統治者に対して無私の精神が求められるのは当然のことです。

しかし、「利益を度外視した心の純粋さこそが倫理の根本である」という統治者のモラル、すなわち武士道の精神は、利益追求を目的とする商業活動と本質的に相容れるものではありません。「武士の商法」という言葉が示しているように、利益を無視していたのでは商売そのものが成り立ちません。いや、そもそも自己の利益を拡大しようとする商人の活動そのものが、武士から見れば卑しむべき「悪徳」に他なりません。

さすがに商業活動そのものを「悪」と決めつけるような極端な考えは、現代では表立っては主張されることはなくなっていますが、何か民間で不祥事が起きるたびに「商売人は儲けのためなら何をするか分からないから、清く正しい〝お上〟に取り締まってもらうのが間違いない」とする発想は、いまだに色濃く残っていると思えてなりません。

それはさておき、江戸幕府がみずからの権力の安定のために、武士道精神の普及を図ろうとしたことは、当時の商人たちにとって大いに困った話であったに相違ありません。武士道の精神だけが「善」であるとするならば、利益を度外視した商売をせざるを得なくなってしまうからです。

実際、江戸時代の「三大改革」などを見ても分かるように、歴代の徳川政権は民間の商業活動をことあるごとに統制し、商人たちが稼いだ利益を税金などで召し上げようとしています。こうした商業敵視政策がしばしば行なわれた背景には、やはり「利益追求＝悪」と考える武士道の発想があったと見るべきでしょう。

かくして自分たちの存在そのものが悪と決めつけられた江戸時代の商人たちは、まったく異なる思想的な基礎の上に自分たちの活動の倫理的な正しさを主張しようとしました。その代表が、「石門心学」を築き上げた石田梅岩です。

梅岩たちが主張したのは、商業活動とは自分自身の利益追求（「盗人《ぬすっと》」）のためだけに行なわれるのではなく、すべての人間をより豊かに、より幸せにすることにつながる活動なのだという点です。悪いのは利益の追求そのものなのではなく、相手に利益を与えない一方的な自己利益追求だというわけです。
この観点に立つならば、モラルを維持するために無私の精神を涵養《かんよう》する必要はありません。お互いに身が立つように配慮しながら、各人が自分の利益を追求する道こそが、商人道なのです。

そして、さらにいえば、こうした商人道の伝統があったからこそ、明治維新以後、日本に近代資本主義が定着することができたのだと思います。これがもし、日本に武士道というモラル体系しかなかったとしたら、はたして日本の近代化そのものもありえたか、大いに疑問と言わざるを得ません。

さらに付け加えるならば、戦後の日本経済が大きく発展した背景にも、こうした「石門心学」の流れをひく商人道の伝統があったことが挙げられるのかもしれません。たとえば戦後の大経営者と言われる松下幸之助氏の「水道哲学」、あるいは本田宗一郎氏の「ホンダイズム」もまた、正直、自己変革、勤勉といった「商人道」の中に分類できるでしょう。

もちろん、本書の中で述べてきたように、戦後の日本経済の発展は安心社会の利点をフルに活かしたものであったわけですが、ソニーやホンダ、あるいは松下といった日本企業が海外に雄飛できた背景には「正直たれ」「ともに利益を分かち合え」と説く商人道の思想が関係していたと見ることもできるでしょう。

読まれなくなったビジネス成功談

それにしても日本にはこれだけ立派な「商人道」の伝統があるというのに、ここ数年というもの、日本人が「武士道」ばかりをもてはやすのは何とも奇異な感じを受けます。

実際、このところの書籍のベストセラーリストを見ても、「武士道」や「品格」をテーマにしたものはあっても、商人道を採り上げたものが少ないのには驚かされます。戦後のビジネス書の世界では、長らく松下幸之助氏や本田宗一郎氏などの成功談、ビジネス哲学といったものがロングセラーになっていたのに、このところはそうした本は泥臭いと思われるのか、あまり読まれないのだそうで、これは困った傾向と言えます。

なぜ、今の日本で商人道に対する興味が薄くなったのかについては、稿を改めて考える必要がありそうですが、とにかく今のように武士道の「清貧の思想」や「無私の思想」をありがたがる世の中が続くことは、日本の社会にとって好ましい事態であるとは言えません。

いや、それどころかジェイコブズが指摘したように、武士道と商人道という、水と油ほどに違うモラル体系をきちんと区別することなく用いることは、日本社会全体を腐敗させることにもなりかねないのですから、重大な問題です。

もし、読者が日本において信頼社会を定着させたいとお考えならば、まずは何よりも「武士道的なる精神」を排して、商人道を広める運動をこそ行なうべきだと筆者は信じます。

今こそ商人道を！

統治の倫理（武士道）と市場の倫理（商人道）の違いについて語ろうと思えば、いくらでも語ることができるのですが、その最大の違いはどこにあるかといえば、統治の倫理が「権力者のモラル」であるのに対して、市場の倫理が物を作ったり売ったりする「大衆のモラル」の体系である点だと私は考えています。

武士道に代表される統治の倫理とは、結局のところ、社会体制を維持するために権力者が守るべき道徳律に他なりません。人々から権力者として畏敬・尊重されるためには、利益に惑わされず、公平無私の心を貫き、秩序や伝統を尊重する精神が必要とされます。そこで生まれてきたのが統治の倫理であり、武士道であるというわけです。

これに対して市場の倫理とは、権力に頼ることなく、おたがいに繁栄していくためにはどう行動していくのがいいのかと考えたときに生まれたモラルの体系であると言えるでしょう。共存共栄のためには、おたがいに嘘をつかず、信頼しあい、利益を分かち合う姿勢こそが必要であると説くのが商人道であり、市場の倫理であると言えます。

本書の中で何度も述べてきたように、今、日本の社会は大きな転換をしつつあるわけですが、商人の隆盛を目にした江戸時代の武士たちの目に映ったのと同じように、この変化は統治者側にいる人たちの目には「倫理の崩壊」と映ることでしょう。人々が利益を追い求める姿は、統治の倫理から見れば「大いなる堕落」に他ならないからです。今の日本で倫理の復活が叫ばれるのも、そのせいです。

しかし、この変化を「安心社会の崩壊」と見るのではなく、「信頼社会確立への動き」と見るならば、今の日本で起きているのは倫理の崩壊でなく、倫理の混乱と言うべきなのです。本来ならば社会の変化にともなって、モラルも武士道から商人道へとシフトすべきなのに、その区別さえなくなってしまっている状態と言ってもいいでしょう。

改めて言うまでもありませんが、商人の活動を悪と決めつける武士道＝無私の倫理をいくら声高に叫んでも、今の世の中にそれが定着するわけもありません。そもそも武士道とは統治者に求められるモラルなのですから、無私の精神を国民全体に広めること自体、無理な話です。国民すべてが他者のために奉仕する社会など、これまでの歴史に一度もありませんでした。そんな無理難題を国民に押しつけることで「正しい社会」を作り出そうとする無茶な考えは、もうやめにしてほしいと思います。

しかし、ここで一言お断わりしておきたいのですが、これからの時代は商人道が重要になるからといって、そこで武士道教育に代わって商人道教育を振興すれば問題が解決すると考えるのは、短絡的な発想に他なりません。

たとえ商人道がどんなに重要なものであるとしても、私は「正直はいいことだ」「人を信頼することは正しいことだ」と教えるだけの教育は、やはり効果がないと考えています。

すでに社会的ジレンマのところでも述べたように、「〜するのが正しい」と教えるモラル教育には大きな欠点があります。つまり、モラル教育の成果をきちんと身につけた人たちが、そうでない人たちに利用され、「馬鹿を見る」状態が残っているかぎり、そうした教育はかえって「百害あって一利なし」にもなりかねないからです。

さらに付け加えて言うならば、そもそも商人道のモラルを教育によって強制的に人々の心に植え付けようとするのは、商人道の精神に反することだとも言えます。なぜならば、商人道とは本来、人々が商業活動を行なう中で自然発生的に生まれてきた「生きる知恵」の結晶とも言うべきものであって、武士道のようにお上が「〜すべきである」とお説教するモラルとは対極にあるものだと言えます。

たとえば商人道のエッセンスというべき「情けは人のためならず」ということわざは、他人に親切にするのはそれが究極的には自分のトクになるのだという教えであって、武士道からすれば、あまりにも功利主義的で打算的であって、けしからん思想ということになるかもしれません。

しかし、こうした商人道の教えは、世の中の現実に根ざしたものであるがゆえに、誰もが納得しやすいものであって、わざわざ「お説教」をせずとも理解させることは可能だし、また、そうすれば自分がトクをするというのですから、誰もが実践してみようと考えるものです。

「主君のためには命を投げ出すべきである」とか「自分の利益はすべて捨てよ」といった、人間性に反した武士道の教えを身につけさせるには、徹底した教育が必要であるかもしれませんが、商人道にはそこまでの思想教育は本来、必要ないのです。

大事なのは、正直者であることが損にならない社会制度を作っていくことであって、そうした社会制度をきちんと整備することができれば、あとは「正直に行動し、他人を信頼することが結局は自分のためになるのだよ」という世の中の現実を教えさえすれば、商人道は自ずから普及していくのではないでしょうか。

長い間、武士道に親しんだ日本人にとって、「〜するべきだ」という教育を「〜するほうがトクになる」という教育に転換するのは抵抗があることかもしれません。

しかし、商人道のモラルを我々大人が堂々と言えるようになって初めて、日本には信頼社会が定着する——私はそう信じて疑わないのです。

あとがき

この本は、集英社インターナショナルの編集者である佐藤眞さんと一緒に作りました。

私が論文や本を書くときにいちばん気にするのは、話が論理的に展開しているかどうかです。話を論理的に展開することが、論文や本を理解しやすくするもっとも有効な方法だと思っているからです。だから、一般の読者の方々に理解していただける本を書くということは、論理的な展開さえしっかりしていれば、あとは単なる文章の読みやすさの問題だと思っていました。

しかし、この本を作るために佐藤さんと議論を続ける中で、私は、この考えがかなり間違ったものであることを理解するようになりました。話を論理的に展開することは、必ずしも内容の理解を進めるとはかぎらないという単純な事実を理解したということです。このことは私にとって、大きな発見でした。

統計学は心理学に欠かすことのできない科目で、しかもいわゆる文系的な関心から心理学を学ぼうとしている多くの学生にとっては、一番とっつきにくい科目です。これは私の同僚の統計学の講義を受けていた学生から聞いた話ですが、あまりに講義がむつかしいと思った学生たちから、「もっと分かりやすく教えてください」という要求が出されました。そこで私の同僚は、言葉で説明するのをやめて、黒板に向かって数式を書き始めたということです。数学を専門として学んできたこの同僚にとって、一番分かりやすいのは数式を使って表現するやりかただったのです。こんなに単純明快に数式に表現されているのだから、一目瞭然で分かりやすいはずだと彼は考えたのでした。

この話を学生から聞いて私は大笑いをしたことを憶えています。佐藤さんが私に教えてくれたのは、私がこれまで「分かりやすい」本を書くときに持っていた、論理を明確にすれば分かりやすくなるという信念が、実は、数式を使えば分かりやすい説明ができるという私の同僚の信念とあまり違わないのだということでした。

その教訓を胸に、これまでとは少し違ったやりかたでこの本を作ってみました。それでもまだ、分かりにくい点、おかしいと思う点が多く残っているはずです。その責任はすべて私にあります。逆に、分かりやすく書かれていると思っていただける部分があるとしたら、それは佐藤さんのおかげです。

最後になってしまいましたが、最後まで本書に付き合ってくださった読者の方々に感謝いたします。

二〇〇八年一月

山岸俊男

文庫版あとがき

この本は日本文化についての常識に挑戦する本です。

私たちは常識的に、こんな風に考えていないでしょうか。日本文化は和を重んじる文化である、と。だから日本人はまわりの人たちと協調することを望んでいる。しばらく前まで日本の社会や経済がうまく行っていたのは、こうしたすぐれた日本文化の伝統がまだ生き続けていたせいである。それが近年になり、個人主義が日本文化の伝統をむしばむようになったために、日本文化の良さが失われてしまった。だからいま必要なのは、美しい日本文化の伝統を取り返すことなのだ、と。そういった常識に挑戦する本です。

この本の前身である『日本の「安心」はなぜ、消えたのか』（集英社インターナショナル・二〇〇八年）を文庫化したいというお誘いを筑摩書房の羽田雅美さんからいただいた時に、こうした日本文化についての常識に挑戦するメッセージにはまだ意味があるだろうかと考えてみました。そして、日本文化についてのこうした常識がまだ人々の間で強く信じられているかぎり、このメッセージは意味を持ち続けるだろうと考えました。

どんな常識であれ、多くの人々が信じている常識に挑戦するのはとても難しいことです。そこでこの本では、筆者と仲間たちが行ったいくつかの実験を使うことで、常識のうそをあばきだすことを試みました。人間を相手に実験をするというのは多くの読者にとってはあまり日常的に見聞きした経験がないと思いますが、実験を使って人間や社会についての科学的な理解を確実なものとしていくやり方は、二一世紀に入って社会科学の世界でも広く用いられるようになってきました。読者の方々にも、人間や社会についての科学的な実験と論理を使うことで見えてくる新しい世界を少しでも楽しんでいただければ幸いです。

二〇一五年九月

山岸俊男

解説　安心社会から信頼社会へ脱皮する道筋

長谷川寿一

山岸俊男さんは日本を代表する社会心理学者で、とくに信頼に関する研究で有名です。数々の学会賞に加えて、著書の『信頼の構造——こころと社会の進化ゲーム』（東京大学出版会、一九九八年）では、第四一回日経・経済図書文化賞を受賞されました。国際的な活躍もめざましく、論文の被引用件数が一〇〇〇を越えるスーパー論文が複数あり、世界各地で講演をしたり、国際共同研究をしたりと大変忙しくされています。その多忙な研究の合間を縫って、一般読者向けに執筆されたのが本書です。

本書は、あとがきに書かれているように、編集者の佐藤眞さんとの共同作業ということで、山岸さんのこれまでの研究のエッセンスと現代日本社会の分析、そして将来に向けた提言が、非常に読みやすい形でまとめられています。

山岸さんの研究の神髄は、安直な精神論、あるいは心中心主義を退け、心の働きが社会の仕組みや社会制度によってダイナミックに変容することを実証的に示す点にあります。それは心の本質の理解に関わることですが、山岸さんは、普遍的で固定的な心を少しも信じていません。個人を取り巻く社会環境の中で、心は柔軟に戦略的に変化し、さらには心の働きが社会そのものをも変えうる、と山岸さんは主張してきました。

章や節のタイトルを見るだけでも、「心がけ」では何も変わらない、「心の教育」の無意味さ、日本人の「ホンネ」を探る、武士道精神が日本のモラルを破壊する等々と、精神論の絶対視に挑むような文言が並びます。逆に言えば、現代日本ではそれだけ心中心主義や心信仰が蔓延しているということです。心のダイナミクスを研究してきた山岸さんにしてみれば、ガマンならぬ、ここは一言言っておかねばという気持ちで本書を書かれたのだと思います。

動物の研究でも、かつては、動物の行動は種に固有な本能でプログラムされており、同じ種の動物であれば、みな同様に定型的な行動パターンをとるとみなされてきました（ローレンツやティンバーゲンの時代です）。しかし、動物でさえも自然環境や社会環境の状況に応じて、柔軟に行動を変化させることを示す研究が相次ぎました。動物の意思決定を戦略や戦術といった観点で分析したり、進化ゲームモデルを立てたりするようになったのです。

本書の中で、山岸さん自身、進化や進化ゲーム、戦略、損得ということばを何度も使っていますが、今日の人間の社会行動の研究は、動物行動研究の中で発展したゲーム理論の見方から大きな影響を受けています。本書の前半に述べられている伝統的な「日本人らしさ」観へのアタックも、表面に現れる行動は周囲を取り巻く環境によって適応的に変化するという動物行動学の見方からすると大変に良く理解できます。動物行動学ではまた、生存や繁殖の上で利益をもたらす適応的行動が自然選択で有利になり、生得的行動として進化すると考えますが、本書で述べられるタブラ・ラサの神話や心の道具箱仮説、理性万能主義からの脱却なども、適応論的な観点に沿った心の捉え方です。このように山岸さんは、日本の心理学者の中でもいち早く、進化ゲーム理論や動物行動学の視点を取り込み、社会心理学や実験社会科学の裾野を広げることに成功したのでした。

さて、本書のキーワードである安心（社会）と信頼（社会）について、山岸さんから初めてうかがったとき、なるほどと膝を打ったものでした。集団主義社会とは本質的に「信頼」を必要としない（安心）社会であり、個人主義的な社会とは本質的に「信頼」を必要とする社会である（本書一二三ページ）という見方に立てば、「和の心」を持つと言われる日本人で、他者一般に対する信頼がなぜ低いのか、人を見たら泥棒を思えと思いがちなのか、というパラドックスが見事に説明されます。

本書を読めば分かるように、山岸さんは、安心社会が悪いと言っているわけではありません。素性の知れた顔見知りとの付き合いを大切にし、通りすがりやよそ者を警戒する社会は、長い人類の歴史ではむしろ一般的でした。山岸さんは日本の高度成長を支えたのも安心社会のおかげだったと書いています。今日では日本より信頼社会であるアメリカにおいてすら、建国当時は移民社会ごとの身内びいきの安心社会でした。しかし、社会が流動化、グローバル化する現代では、初対面の人々との社会交渉が求められます。そこで、社会交渉を断つと、せっかくのビジネスチャンスや新しい友人の輪の広がりを失うことになります。これが本書のもう一つのキーワード、機会コストです（本書二三三ページ）。

チャンスを逸することのコストは普通なかなか気づかないものなのですが、積もり積もれば莫大になります。山岸さんはいみじくも、機会コストを「嘘つきに騙されないための保険料」と述べていますが、伝統的な安心社会のように保険料が安いうちはいいのですが、現代日本社会ではその保険料は高すぎるというわけです。

では、嘘つきに騙されない社会をどのように構築するか、嘘つきに騙されないようにするには人はどういう情報に注意すればいいのかが、本書の終盤のテーマです。制度の重要性や評判情報の利用の仕方など、その答はお読み頂くことにして、人類のモラルには二種類あり、二つのモラルを混用してはならないという山岸さんの主張は、まさに慧眼だと思います。

私自身、年相応にこれまで幾つかの役職に就き、いわば「統治」の側に身をおいてきましたが、統治者が「市場の倫理」を実践することの難しさを実感しています。とくに長い歴史を持つ組織の中では、ついつい伝統の堅持とか、名誉を尊べといった方針が強調され、変革への挑戦にブレーキがかかります。上に立つものが、変革をリードしようとしても、安住に慣れ親しんだ組織の構成員が付いて来られずに動かないということもしばしばです。スティーブ・ジョブズは、変わることのコストより変わらないことのコストの方がずっと大きいという趣旨の名言を残していますが、その意味を真摯に受け止められる人は必ずしも多くないのが実情でしょう。もちろん伝統を全否定するわけではなく、積み上げられてきた文化の重みを軽んじるつもりも毛頭ありませんが、その伝統文化もつねに塗り替えられてきました。伝統的価値観の賞味期限は、長くてもせいぜい一〇〇年程度です。

戦後七〇年、ポスト大震災、世界を瞬時に繋ぐネット社会の出現等々、現代日本社会は確実に歴史の転換点にあると言えるでしょう。日本が来るべく信頼社会へと脱皮する道筋を明快に示す本書が広く読まれることを願っています。

（はせがわとしかず・行動生態学者）

本書は二〇〇八年二月、集英社インターナショナルより刊行された『日本の「安心」はなぜ、消えたのか――社会心理学から見た現代日本の問題点』を改題したものである。

ねにもつタイプ　岸本佐知子
何となく気になることにこだわる、ねにもつ。思索、奇想、妄想はばたく脳内ワールドをリズミカルな名短文でつづる。第23回講談社エッセイ賞受賞。

TOKYO STYLE　都築響一
小さい部屋が、わが宇宙。ごちゃごちゃと、しかし快適に暮らす、僕らの本当のトウキョウ・スタイルはこんなものだ！　話題の写真集文庫化！

自分の仕事をつくる　西村佳哲
仕事をすることは会社に勤めること、ではない。仕事を「自分の仕事」にできた人たちに学ぶ、働き方のデザインの仕方とは。（稲本喜則）

世界がわかる宗教社会学入門　橋爪大三郎
宗教なんてうさんくさい⁉　でも宗教は文化や価値観の骨格であり、それゆえ紛争のタネにもなる。世界宗教のエッセンスがわかる充実の入門書。

ハーメルンの笛吹き男　阿部謹也
「笛吹き男」伝説の裏に隠された謎はなにか？　十三世紀ヨーロッパの小さな村で起きた事件を手がかりに中世における「差別」を解明。（石牟礼道子）

増補　日本語が亡びるとき　水村美苗
明治以来豊かな近代文学を生み出してきた日本語が、いま、大きな岐路に立っている。我々にとって言語とは何なのか。第8回小林秀雄賞受賞作に大幅増補。

子は親を救うために「心の病」になる　高橋和巳
子は親が好きだからこそ「心の病」になり、親を救おうとしている。精神科医である著者が説く、親子という「生きづらさ」の原点とその解決法。

クマにあったらどうするか　姉崎等　片山龍峯
「クマは師匠」と語り遺した狩人が、アイヌ民族の知恵と自身の経験から導き出した超実践クマ対処法。クマと人間の共存する形が見えてくる。（遠藤ケイ）

脳はなぜ「心」を作ったのか　前野隆司
「意識」とは何か。どこまでが「私」なのか。死んだら「心」はどうなるのか。――「意識」と「心」の謎に挑んだ話題の本の文庫化。（夢枕獏）

モチーフで読む美術史　宮下規久朗
絵画に描かれた代表的な「モチーフ」を手掛かりに美術を読み解く、画期的な名画鑑賞の入門書。カラー図版約１５０点を収録した文庫オリジナル。

アーキテクチャの生態系　濱野智史
2ちゃんねる、ニコニコ動画、初音ミク……。日本独自の進化を遂げたウェブ環境を見渡す、新世代の社会分析。待望の文庫化。（佐々木俊尚）

「居場所」のない男、「時間」がない女　水無田気流
「世界一孤独」な男たちと「時限ばかり」の女たち。全員が幸せになる策はあるか――？　社会を分断する溝に、気鋭の社会学者が向き合う。（内田良）

他人《ひと》のセックスを見ながら考えた　田房永子
人気の漫画家が、かつてエロ本ライターとして取材した風俗やAVから、テレビやアイドルに至るまで、男女の欲望と快楽を考える。（樋口毅宏）

ファッションフード、あります。　畑中三応子
ティラミス、もつ鍋、B級グルメ……激しくはやりすたりを繰り返す食べ物から日本社会の一断面を切り取った痛快な文化史。年表付。（平松洋子）

9条どうでしょう　内田樹／小田嶋隆／平川克美／町山智浩
「改憲論議」の閉塞状態を打ち破るには、「虎の尾を踏むのを恐れない」言葉の力が必要である。四人の書き手によるユニークな憲法論！

反社会学講座　パオロ・マッツァリーノ
恣意的なデータを使用し、権威的な発想で人に説教する困った学問「社会学」の暴走をエンターテイメントな議論で撃つ！　真の啓蒙は笑いから。

日本の気配　増補版　武田砂鉄
「個人が物申せば社会の輪郭はボヤけない」。最新の出来事にも、解決されていない事件にも粘り強く憤る。その後の展開を大幅に増補。（中島京子）

狂い咲け、フリーダム　栗原康 編
国に縛られない自由を求めて気鋭の研究者が編む。大杉栄、伊藤野枝、中浜哲、朴烈、金子文子、平岡正明、田中美津ほか。帯文＝ブレイディみかこ

花の命はノー・フューチャー　ブレイディみかこ
移民、パンク、LGBT、貧困層。地べたから見た英国社会をスカッとした笑いとともに描く。200頁分の大幅増補！　推薦文＝佐藤亜紀（栗原康）

ジンセイハ、オンガクデアル　ブレイディみかこ
貧困、差別。社会の歪みの中の「底辺託児所」シリーズ誕生。著者自身が読み返す度に初心にかえるという珠玉のエッセイを収録。

解剖学教室へようこそ　養老孟司

解剖すると何が「わかる」のか。動かぬ肉体という具体から、どこまで思考が拡がるのか。養老ヒト学の原点を示す記念碑的一冊。（南直哉）

考えるヒト　養老孟司

意識の本質とは何か。私たちはそれを知ることができるのか。脳と心の関係を探り、無意識に目を向ける。自分の頭で考えるための入門書。（玄侑宗久）

錯覚する脳　前野隆司

「意識のクオリア」も五感も、すべては脳が作り上げた錯覚だった！　ロボット工学者が科学的に明らかにする衝撃の結論を信じられますか。（武藤浩史）

理不尽な進化　増補新版　吉川浩満

進化論の面白さはどこにあるのか？　科学者の論争を整理し、俗説を覆し、進化論の核心をしめす。アートとサイエンスを鮮やかに結ぶ現代の名著。（養老孟司）

身近な雑草の愉快な生きかた　稲垣栄洋　三上修・画

名もなき草たちの暮らしぶりと生き残り戦術を愛情とユーモアに満ちた視線で観察、紹介した植物エッセイ。繊細なイラストも魅力。（宮田珠己）

身近な野菜のなるほど観察録　稲垣栄洋　三上修・画

『身近な雑草の愉快な生きかた』の姉妹編。なじみの多い野菜たちの個性あふれる思いがけない生命の物語を、美しいペン画イラストとともに。（小池昌代）

身近な虫たちの華麗な生きかた　稲垣栄洋　小堀文彦・画

地べたを這いながらも、いつか華麗に変身することを夢見てしたたかに生きる身近な虫たちを紹介する。精緻で美しいイラスト多数。（小池昌代）

したたかな植物たち　春夏篇　多田多恵子

スミレ、ネジバナ、タンポポ。道端に咲く小さな植物は、動けないからこそ、したたかに生きている！身近な植物たちのあっと驚く私生活を紹介します。

したたかな植物たち　秋冬篇　多田多恵子

ヤドリギ、ガジュマル、フクジュソウ。美しくも奇妙な生態にはすべて理由があります。人知れず花を咲かせ、種子を増やし続ける植物の秘密に迫る。

野に咲く花の生態図鑑【春夏篇】　多田多恵子

野に生きる植物たちの美しさとしたたかさに満ちた生存戦略の数々。植物への愛をこめて綴られる珠玉のネイチャー・エッセイ。カラー写真満載。

野に咲く花の生態図鑑【秋冬篇】　多田多恵子

寒さが強まる過酷な季節にあえて花を咲かせ実をつける理由とは？ 人気の植物学者が、秋から早春にかけて野山を彩る植物の、知略に満ちた生態を紹介。

花と昆虫、不思議なだましあい発見記　田中肇　正者章子

ご存じですか？ 道端の花々と昆虫のあいだで、驚くべきかけひきが行なわれていることを。花と昆虫のだましあいをイラストとともにやさしく解説。

増補 へんな毒 すごい毒　田中真知

フグ、キノコ、火山ガス、細菌、麻薬……自然界にあふれる毒の世界。その作用の仕組みから解毒法、さらには毒にまつわる事件なども交えて案内する。

熊を殺すと雨が降る　遠藤ケイ

山で生きるには、自然についての知識を磨き、己れの技量を謙虚に見極めねばならない。山村に暮らす人びとの生業、猟法、川漁を克明に描く。

私の脳で起こったこと　樋口直美

「レビー小体型認知症」本人による、世界初となる自己観察と思索の記録。認知症とは、人間とは、生きるとは何かを考えさせる。（伊藤亜紗）

ゴリラに学ぶ男らしさ　山極寿一

自尊心をもてあまし、孤立する男たち。その葛藤は何に由来するのか？ 身体や心に刻印されたオスの進化的な特性を明らかにし、男の懊悩を解き明かす。

ニセ科学を10倍楽しむ本　山本弘

「血液型性格診断」「ゲーム脳」など世間に広がるニセ科学。人気SF作家が会話形式でわかりやすく教える、だまされないための科学リテラシー入門。

増補 サバイバル！　服部文祥

岩魚を釣り、焚き火で調理し、月の下で眠る――。異能の登山家は極限の状況で何を考えるのか？ 生きることを命がけで問う山岳ノンフィクション。

いのちと放射能　柳澤桂子

放射性物質による汚染の怖さ。癌や突然変異が引き起こされる仕組みをわかりやすく解説し、命を受け継ぐ私たちの自覚を問う。（永田文夫）

イワナの夏　湯川豊

釣りは楽しく哀しく、こっけいで厳粛だ。日本の川で、また、アメリカで、出会うのは魚ばかりではない、自然との素敵な交遊記。（川本三郎）

品切れの際はご容赦ください

ちくま文庫

「日本人《にほんじん》」という、うそ
——武士《ぶし》道《どう》精神《せいしん》は日本《にほん》を復活《ふっかつ》させるか

二〇一五年十月十日　第一刷発行
二〇二二年十月二十日　第二刷発行

著者　山岸俊男（やまぎし・としお）

発行者　喜入冬子
発行所　株式会社　筑摩書房
東京都台東区蔵前二―五―三　〒一一一―八七五五
電話番号　〇三―五六八七―二六〇一（代表）
装幀者　安野光雅
印刷所　中央精版印刷株式会社
製本所　中央精版印刷株式会社

ISBN978-4-480-43304-6 C0195